Du même auteur, aux Éditions Leduc.s

Maigrir malin, 2013.
Petits pots maison pour bébé, 2008.

Mise en pages : Facompo
Illustrations : Fotolia

17, rue du Regard
75006 Paris – France
ISBN : 979-10-285-0121-1
ISSN : 2427-7150

ISABELLE LAURAS

Les nouveaux petits pots maison pour Bébé

POCHE
LEDUC.S

Sommaire

Introduction

Déjà plusieurs mois que Bébé est arrivé, il fait l'objet de mille et une attentions et vous émerveille chaque jour de ses nouveaux progrès... Et des découvertes, il va en faire encore beaucoup !

Il en est une qui l'attend, et pas des moindres : la découverte des aliments, plus communément appelée la diversification alimentaire. Bien sûr, vous voulez lui donner le meilleur !

Dans mon précédent livre, *Petits pots maison pour Bébé*, j'ai pu vous guider pour comprendre comment aborder cette diversification... Ici, j'ai désiré aller un peu plus loin, pour que l'alimentation de Bébé n'ait plus de secrets pour vous, mais également pour vous aider à l'amener un peu plus avant encore vers l'autonomie.

Dans cet ouvrage, je parle d'équilibre alimentaire, d'apports indispensables, d'autonomie, mais aussi des soucis pouvant être source d'angoisses pour les parents comme la néophobie, les allergies et autres intolérances alimentaires... Pour que vous, parents, ne vous sentiez plus aussi perdus et que les repas restent des moments de plaisir et d'échange !

Au-delà des recettes simples et originales présentées dans le premier volume, j'ai voulu ici vous accompagner vers une alimentation de plus en plus variée... Alors des petits pots maison oui, mais aussi des saveurs qui se déclinent à l'infini et des plats traditionnels venus d'au-delà nos frontières. Pourquoi ne pas l'initier à de nouvelles saveurs en picorant quelques tapas en famille, le régaler de légumes et de crudités qui vont changer de l'éternelle purée de carottes ?

Voici donc des petits plats adaptés à Bébé, à déguster également en famille, des recettes variées pour le plus grand bonheur des papilles de toute la famille, et des textures à adapter progressivement pour l'inciter à manger comme vous... comme un grand !

Partie 1

Diversifier, oui, mais comment ?

Zoom sur la diversification alimentaire

Voilà quelques mois que votre enfant est nourri exclusivement au lait… Quels que soient vos choix (lait maternel ou lait maternisé du commerce), vous avez tout fait pour lui donner le meilleur pour sa croissance et son bien-être…

Mais la question de la diversification vous trotte dans la tête : à quel âge la commencer, quels aliments choisir, lesquels éviter, à quel rythme introduire les différentes familles d'aliments, comment respecter les besoins de Bébé ?

Entre les besoins nutritionnels, les textures, la découverte de la cuillère, les refus, vous vous sentez perdus et les conseils contradictoires, les recommandations diverses et variées ne vous aident pas à vous sentir sereins devant cette tâche. La découverte du goût fait partie des premiers grands apprentissages de votre pitchoun et ne fait que commencer.

Des repas simples pour l'aider à apprécier

Que de découvertes ! Nouvelles textures, nouveaux goûts, nouvelles couleurs… mais surtout nouveau mode d'alimentation ! Bébé a beaucoup à apprendre. Il doit passer du réflexe de succion à l'apprentissage de la petite cuillère, ce qui n'est pas si simple, pour lui comme pour vous d'ailleurs !

Laissez-lui le temps de découvrir et armez-vous de patience dès le début. Les premières cuillerées seront parfois difficiles à faire avaler mais une fois dépassé ce stade, vous aurez tout loisir de lui faire découvrir une multitude de goûts et de saveurs.

Pour débuter, choisissez des purées et des compotes simples, des textures très lisses et avec un seul fruit ou légume. Lorsqu'il connaîtra bien le goût de la carotte ou de la pomme, par exemple, vous pourrez commencer à vous amuser avec des recettes de légumes et de fruits mélangés, plus complexes.

La nouveauté passe en premier !

Démarrez toujours le repas par l'aliment nouveau. Comme Bébé a faim, il acceptera plus facilement la cuillère. Au contraire, un enfant rassasié risque de se détourner de la nouveauté et d'être ensuite moins concentré sur son repas…

Enfin, ne le faites pas patienter trop longtemps pour son repas : Bébé, affamé, s'énervera rapidement devant une cuillère qui n'arrive pas assez vite !

Par ailleurs, évitez de donner plusieurs fois de suite le même légume, cela pourrait provoquer une aversion.

Certains enfants nourris exclusivement à la carotte, pour éviter une éventuelle diarrhée ou y pallier, ne supporteront plus la vue d'une carotte plus tard… qu'elle soit en purée ou râpée !

Alors des repas simples, oui ! mais variés, c'est tout aussi important !

> **Miam les jus de cuisson !**
>
> Vous voulez lui donner le meilleur tout en l'initiant aux premières saveurs ? Conservez les jus de cuisson des légumes. Ils sont riches en vitamines et minéraux et vous pouvez les utiliser pour reconstituer le lait en poudre… à condition de ne pas les saler !

Recommandations pour débuter la diversification

Votre enfant ne connaît que le lait, et dans la majorité des cas, il l'apprécie. Tant qu'il ne connaît pas d'autres aliments, son petit goût sucré lui convient parfaitement… et le réflexe de succion lui permet de prendre son repas facilement, voire rapidement ! Qui n'a jamais vu un bébé se jeter littéralement sur son biberon, passant du même coup des larmes à l'apaisement…

Alors pourquoi diversifier ? Finalement ce moment d'échange les yeux dans les yeux dure bien peu de temps, et quelle maman n'a pas cherché à le faire durer quelques semaines de plus ?

Le premier point important, c'est de savoir que le passage à une alimentation solide ne se fait pas en un jour et que son introduction ne veut pas pour autant dire supprimer le lait maternel ou maternisé !

Au contraire : le maintien d'une prise régulière de lait aidera Bébé à mieux tolérer de nouveaux aliments.

Par ailleurs, au-delà de 6 mois, l'alimentation lactée ne permet plus de couvrir ses besoins, notamment en vitamines, minéraux et énergie.

Enfin, même si l'alimentation lactée reste la base de ses besoins la première année, même après la diversification alimentaire, apparaissent chez l'enfant les signes de la maturité physiologique permettant la diversification : disparition progressive du réflexe d'extrusion, capacité d'avaler des aliments non liquides, apparition du mouvement latéral de mastication, capacité de s'asseoir avec appui, contrôle postural de la tête et du cou, meilleure fermeture de la bouche.

Alors, en dehors de l'intérêt de la fameuse « fenêtre d'opportunité », pourquoi ne pas profiter de cette période pour lui faire découvrir de nouveaux goûts et ainsi le mener vers une alimentation la plus équilibrée possible ?

Les réflexes pratiques pour la diversification

- Débutez la diversification vers la 17e semaine de Bébé (avec accord de votre médecin).
- Pensez à installer votre bébé confortablement, pour lui comme pour vous : dans un transat au départ, puis dans une chaise haute.
- Privilégiez un environnement calme, sans trop de distractions, pour l'aider à susciter sa curiosité.
- Ayez du temps pour son repas : ses premières cuillerées prendront parfois du temps…
- Introduisez les légumes et les fruits progressivement, un par un, sans les mélanger, et attendez 2 ou 3 jours avant de lui en faire découvrir un nouveau. Le but est de l'initier aux nouveaux goûts, mais également de tester sa tolérance.
- Ne le forcez pas : lui permettre de refuser un aliment qui manifestement ne lui plaît pas évitera par la suite les aversions alimentaires. N'oubliez pas que la découverte de nouveaux goûts se déroule sur plusieurs années, rien ne presse s'il n'aime pas immédiatement un aliment ou une famille d'aliments.
- Mixez les aliments finement au départ pour aller progressivement vers une texture grumeleuse, puis avec de fins morceaux.

Chaque repas est un lieu d'échange

Chaque repas doit rester un moment d'échange. Alors, parents comme enfant, appréciez l'instant présent. Rien ne sert de s'énerver parce que Bébé rejette la purée que vous lui avez concoctée… Vous réessaierez dans quelques jours, le temps qu'il se familiarise au goût. Le but est de rester à son écoute pour éviter tout dégoût alimentaire définitif.

Les besoins de votre bébé

Les besoins en lait

Son aliment favori ! Il continuera à en avoir besoin pendant longtemps mais, petit à petit, les laitages remplaceront le biberon. Dans un premier temps, vous garderez cependant les biberons, dont vous diminuerez les doses progressivement lorsque vous compléterez son repas par une compote ou une purée. La diversification n'est pas synonyme de gavage ! Les autres aliments l'aideront à couvrir ses besoins.

Cependant, votre enfant aura besoin d'au moins 500 ml de lait ou équivalent par jour jusqu'à ses 3 ans, sans pour autant dépasser 800 ml. Les équivalents seront trouvés dans les laitages et les fromages. Lorsque la diversification alimentaire sera bien lancée, ses apports quotidiens seront ainsi progressivement remplacés par des produits laitiers.

Il régresse ?

Tout au long de son apprentissage, Bébé peut avoir des phases de régression. Il rejette un aliment qu'il appréciait, se braque devant la cuillère, refuse de goûter, recrache les petits morceaux qu'il mâchait sans problème ? Pas de souci, il a droit à des phases de rejet, des moments de fatigue, de manque d'appétit et même des phases de néophobie (rien que la couleur qui change peut le perturber !)... et tout cela n'a rien d'alarmant !

Dans tous les cas, ne le forcez pas ! Cela ne ferait que renforcer son rejet !

Liste des aliments à privilégier ou à éviter

Se référer aux annexes à la fin du livre, pages 217-235.

Mode d'emploi pour remplacer le lait

Démarrer la diversification alimentaire ne signifie pas augmenter ses apports quotidiens sous prétexte de conserver le lait infantile dont il a tellement besoin. Un enfant a besoin d'un certain apport calorique, il ne s'agit donc pas de le « gaver » sous prétexte de conserver cet « or blanc » dans son alimentation.

Je vois malheureusement trop d'enfants qui, à 8 ou 10 mois, continuent à consommer 800 ml de lait alors même qu'ils mangent très bien leur purée de légumes ou leur compote...

Dans tous les cas, commencez son repas par la purée (ou la compote) avant de lui donner un biberon adapté en volume !

- Son premier repas à la cuillère (vers 4 mois)
- Déjeuner (les autres repas restant à base de lait uniquement, pas trop de changements d'un coup !)
  - 50 g de purée de légumes à la cuillère mélangée avec 180 ml de lait
  - ou 3 à 4 cuillerées à café de purée de légumes puis 180 ml de lait
  - ou 3 à 4 cuillerées à café de compote de fruits puis 180 ml de lait
- Au fur et à mesure que vous augmentez la quantité de purée ou de compote, diminuez le lait (jusqu'à 150 ml, l'équivalent d'un laitage).

Comment réduire le lait, sans carence (enfant consommant 4 repas par jour)

	4 mois	5/6 mois	8/10 mois	18 mois	2 à 3 ans
Lait infantile	4 biberons de lait (180 à 210 ml environ) dont celui du déjeuner, complété par de la purée ou de la compote	2 biberons de lait (180 à 210 ml), petit déjeuner et dîner	2 biberons de lait (180 à 210 ml), petit déjeuner et dîner	1 biberon de 180 ml de lait (avec céréales solubles)	1 biberon de 150 ml de lait de croissance accompagné de tartines
Produit laitier (yaourt/fromage/petit-suisse)	–	1 petit-suisse le midi (en complément des légumes) 1 yaourt à 16 heures* (+ compote)	1 fromage blanc (en complément des légumes) 1 yaourt à 16 heures** (+ compote)	1 morceau de fromage le midi* 1 laitage à 16 heures et au dîner	1 morceau de fromage le midi* 1 laitage à 16 heures et au dîner
Fromage à pâte cuite	–	–	Oui (20 g)	Oui (20 g)	Oui (30 g)
Fromage à pâte molle	–	–	–	Oui (20 g)	Oui (30 g)

* *Ne donnez le fromage qu'une seule fois par jour, soit le midi, soit le soir. Pensez à l'incorporer dans certaines purées, mais dans ce cas n'en donnez pas une double dose au repas.*

** *Selon vos envies, et celles de votre pitchoun, vous pouvez sans problème inverser le biberon du soir avec le laitage du goûter. Bébé aura alors droit à un biberon de lait le matin et un autre au goûter, et à un laitage le midi et le soir, ce qui constituera alors de vrais repas pouvant être pris en famille. Je trouve que donner un biberon en fin de journée procure un moment de calme très câlin, avant l'endormissement. À vous de choisir donc !*

Ainsi, les produits laitiers et les autres aliments prendront progressivement la place du biberon. Mais attention, allez au rythme de votre bébé : si certains petits découvrent la cuillère avec enthousiasme et ne jurent que par elle (dans ce cas le biberon est vite remplacé par un laitage ou un morceau de fromage), d'autres continuent à avoir ce besoin de succion et d'échange dans les bras, les yeux dans les yeux.

> **Idée reçue : du lait pour favoriser l'endormissement ?**
>
> Je le vois encore trop souvent : des enfants mangeant normalement au repas et à qui on donne un biberon de lait en plus au moment d'aller dormir... et d'autres qui gardent trop longtemps ce réflexe de succion et gardent le biberon dans leur bouche toute la nuit.
>
> La raison ? D'aucuns disent que l'enfant a tendance à s'endormir plus rapidement en ayant ce biberon (ce qui est au passage une belle idée préconçue !). Mais ce n'est pas sans conséquences : un apport calorique supplémentaire et souvent inutile et surtout un risque de caries dès le plus jeune âge !

Quel lait choisir ?

Sauf indication contraire de votre médecin (s'il existe des intolérances, notamment), ne donnez à votre enfant que des laits infantiles adaptés à son âge. À partir d'un an, le lait de croissance reste privilégié car enrichi en fer.

Les laits de soja, lait de vache classique, laits végétaux (noisette, riz, châtaigne et autres...) ne sont pas adaptés aux besoins de votre bébé. Si vous remplacez les laits infantiles par de tels laits, vous faites courir à votre bébé un risque de carences importantes en calcium, fer, protéines… sans compter le risque accru d'intolérance ou d'allergie aux oléagineux.

Si donc vous soupçonnez chez votre bébé une intolérance au lait, demandez avant tout conseil à votre médecin qui vous aidera à trouver un lait mieux adapté.

Le lait, apport hydrique

Remplacer le lait par un produit laitier est incontournable au cours de la diversification alimentaire. Mais attention ! Le lait contient environ 90 % d'eau, ce qui lui permet à lui seul de couvrir largement les besoins hydriques de Bébé. Mais ce n'est pas le cas des fromages et des laitages ! Pensez, dans ce cas, à lui donner systématiquement un biberon d'eau en fin de repas.

Les besoins en protéines

Les besoins en protéines de votre bébé sont largement couverts par les apports lactés. En réalité, ce sont surtout ses besoins en fer qui augmentent, or la meilleure source de fer reste la viande. Mais point trop n'en faut, sont système rénal n'étant pas encore mature, il ne s'agit pas de surcharger son organisme.

Ainsi, on pourra donner 10 g de protéines vers 6 mois et augmenter progressivement tous les 3 mois, pour arriver à environ 50 g vers l'âge de 2 ans.

Les besoins en légumes

C'est le point de départ de la diversification et de l'alimentation variée : d'abord sous forme de restes de bouillons de légumes (pour reconstituer ses biberons), puis de soupes pas trop épaisses (à compléter d'un laitage), les saveurs variées, les apports en minéraux et vitamines vont compléter progressivement ses besoins et développer son sens du goût, le sensibiliser aux couleurs, aux odeurs et à de nouvelles textures.

Bien mixés au départ, les légumes seront progressivement donnés à la cuillère en texture lisse, puis grumeleuse avant d'arriver aux premiers petits morceaux (attendez que Bébé ait une dentition suffisante, sinon il risque de prendre l'habitude d'avaler tout rond).

Choisissez des légumes à fibres douces (les choux et les légumes secs auront tendance à irriter ses petits intestins), épluchés et épépinés (parties les plus irritantes des légumes). Les légumes forts en nitrates (carottes d'hiver, épinards) seront également donnés dans un second temps et de manière espacée.

Et encore une fois : un seul légume à la fois pour bien tester la tolérance !

Les besoins en fruits

Vous donnerez les fruits d'abord sous forme de compotes cuites, parfois même passés au chinois pour retirer les petits grains (fraises, kiwis...). En attendant, leur goût sucré est la meilleure astuce pour faire découvrir la cuillère à bébé. Cet objet, insolite pour lui, deviendra intéressant dès qu'il aura vite (et même très vite) compris qu'il est associé à un goût qu'il connaît déjà et pour lequel il a une attirance innée : le sucré.

Cinq fruits et légumes par jour ? Bébé n'en est pas encore là... mais vers 18 mois, il devrait y parvenir. Attention cependant, il n'est pas question de ne donner que des fruits... justement parce qu'ils apportent plus de sucre que les légumes. Alors deux compotes ou l'équivalent de 2 petits fruits par jour resteront suffisants pour un bon équilibre alimentaire.

Bref, il faut des fruits (le meilleur des desserts !), mais sans en abuser…

Les besoins en sucres lents

D'abord sous forme de farines solubles (idéales pour un petit à qui le biberon de lait ne suffit pas pour tenir la matinée ou la nuit), sans gluten de préférence au départ, d'autres féculents prendront leur place. Et les sucres lents sont tout aussi importants que les autres aliments pour son équilibre !

Vers 8 mois, Bébé commence à avoir une sacrée dépense énergétique en plus de sa croissance : il fournit des efforts surhumains pour se tourner, pour ramper, se déplacer voire, pour certains, commencer à se hisser et tenter de s'équilibrer.

Les sucres lents lui apporteront cette énergie, mais aussi l'aideront à constituer leur masse musculaire. Autant dire qu'ils sont indispensables à son équilibre.

Sous forme de pommes de terre, de petites pâtes, de légumes secs (pour les plus grands ou sans la peau), de céréales (millet, semoule, riz, boulgour, maïs sans la peau…), on pourra les incorporer aux légumes sans souci, à raison de 50-60 g cuits, au départ.

Comme on les retrouve sous forme de petits morceaux (hormis la pomme de terre), attendez que votre bébé accepte les textures granuleuses (semoule, boulgour…) ou les petits morceaux (pâtes en étoile, riz rond, vermicelles…).

Les matières grasses

Votre bébé ne deviendra pas obèse sous prétexte que vous ajoutez de la matière grasse dans ses premières purées. Au contraire : huile (olive de préférence), crème fraîche, beurre apportent des acides gras et des vitamines essentiels à son développement… à condition de bien les doser !

1 cuillerée à café d'huile, 1 petite noix de beurre ou 1 cuillère à soupe de crème fraîche lui apporteront ce dont il a besoin sans surcharger en graisse son organisme… et rendront ses petits plats tellement plus appétissants !

Du sel et du sucre ?

Ils font partie tous deux de nos habitudes alimentaires. Saler un aliment ou sucrer un laitage sont devenus des réflexes.

Et pourtant, Bébé a un sens du goût bien plus développé que le nôtre. Une purée de légumes qui vous semble fade lui paraîtra succulente et le lait lui semble sucré (d'où son attirance dès la naissance !).

Alors n'ajoutez rien et ne dénaturez pas les goûts trop tôt.

Pour les soupes et les purées, vous pourrez vous amuser à relever et varier les goûts avec des fines herbes ou certaines épices (entendons-nous bien : je ne parle pas de piment…), voire d'un mélange aux 5 baies, moins fort que le poivre seul. Utilisez des légumes de saison, dont le goût est toujours moins fade.

Si vous voyez Bébé faire la grimace devant un fromage blanc un peu acide, ne vous précipitez pas sur le sucre en poudre, car il a de grandes chances de s'habituer à l'acidité. Et s'il vous arrive de vouloir sucrer avec de la confiture, du sucre ou autre, n'en faites pas une habitude.

Pour autant, le sucre ne doit pas devenir un interdit absolu et un petit plaisir de temps à autre n'en fera pas un enfant en surpoids demain !

Enfin, pour les bébés qui ne supportent vraiment pas l'acidité, malgré toutes vos tentatives et votre bonne volonté, pensez à ajouter un peu de compote ou des morceaux de fruits…

> **Le miel : bienfait ou non ?**
>
> On connaît ses bienfaits, un produit naturel souvent utilisé pour lutter contre les petits maux de l'hiver, pour la cicatrisation ou simplement pour sucrer autrement… Mais l'AFSSA tire la sonnette d'alarme régulièrement : la possible présence de spores de *Clostridium botulinum* s'avère dangereuse pour les enfants de moins d'un an, dont la flore intestinale est encore immature. Alors attendez quelque temps pour lui faire découvrir cet or sucré…

Le tableau ci-après est donné à titre d'exemple, chaque enfant allant à son rythme. L'essentiel étant de garder de bonnes proportions et d'écouter le rythme de votre bébé : si certains sont accros à leur biberon pendant longtemps, d'autres s'amuseront et s'éveilleront facilement à leur nouveau mode alimentaire et préféreront un fromage blanc plutôt qu'un biberon.

Tableau récapitulatif des besoins nutritionnels âge par âge

	4 mois	5/6 mois	8/12 mois	18 mois	2/3 ans
Lait ou laitage	500 à 800 ml de lait infantile ou maternel (réparti sur la journée)	400 ml de lait infantile complété par un laitage non sucré	400 ml de lait infantile complété par deux laitages non sucrés	210 ml le matin, les autres repas seront complétés par des laitages ou 20 g de fromage	180 ml de lait le matin, on alterne fromage et laitage aux autres repas
Légumes cuits	2 à 3 c. à c. dans le lait puis à la cuillère OU bouillon de légumes dans le lait	100 g de purée d'un légume d'une seule sorte à la cuillère	150 g de purée de légumes mélangés, texture granuleuse	200 g de légumes cuits (on peut tester les premiers petits morceaux)	200 g de légumes cuits en morceaux, midi et soir
Fruits	2 à 3 c. à c. de compote de fruits au goûter	100 g de compote de fruits répartis entre le déjeuner et le goûter	100 g de compote de fruits à midi et à 16 heures	100 g de compote de fruits à midi et à 16 heures	100 g de compote de fruits deux fois par jour
Protéines	–	–	10 g de protéines bien cuites	20 g de protéines bien cuites	30 à 40 g de protéines
Céréales	Sans gluten, 2 à 3 c. à c. dans le biberon	Premiers biscuits ou petits morceaux de pain	Pain, riz rond, pomme de terre, petites pâtes (50 g, cuit, mélangé à la purée)	Pain, riz rond, pomme de terre, petites pâtes (50 g, cuit, mélangé à la purée)	Premières tartines le matin, féculents ou pain proposés midi et soir

Mon bébé a toujours faim…

Des bébés goulus, on en connaît tous… Dès le plus jeune âge, ils avalent leur biberon à une vitesse record, jamais contents lorsque ce moment de plaisir s'arrête. Et ils continuent à l'étape de la diversification alimentaire, ce sont d'ailleurs les premiers à comprendre quand il faut ouvrir grand la bouche à la présentation de la cuillère, et à garder cette habitude de manger goulûment…

Et quand je dis que Bébé s'y habitue, je pèse mes mots : alors que l'enfant est parfaitement habitué à consommer quatre repas par jour, lors de la diversification alimentaire, les petits gourmands finissent toute leur assiette. Et au moindre pleur entre deux repas, certains parents culpabilisent en pensant qu'ils n'en ont pas eu suffisamment… et rajoutent un petit quelque chose !

S'il n'y a pas de phénomène d'obésité dans l'environnement familial, le risque de les y mener est pourtant important : l'enfant s'habitue à consommer de grandes quantités, ne ressent déjà plus la satiété et termine son assiette (pour le plus grand bonheur des parents !).

J'entends alors dire : « il a une fringale vers 11 heures et je lui donne un biscuit… » Quelle hérésie ! Un bébé n'a pas de fringale, un bébé ne pleure pas uniquement parce qu'il a faim. Il a aussi le droit de réclamer de l'attention (la nourriture n'est pas la seule solution), des bras, des jeux avec ses parents… Bref, que l'on s'occupe de lui. Et s'il a vraiment faim, on avance l'heure du repas. Mais ne lui donnez pas l'habitude du grignotage entre les repas…

Tableau des grammages habituels en fonction du type d'aliment (repas principaux, soit midi et soir)

Type d'aliment	6 à 12 mois	12 à 18 mois	18 mois et plus
Pain ou féculents cuits	10 g 50 g	15 g 80 g	20 g 100 à 120 g
Légumes en purée	150 g	200 g	200 g
Viande ou poisson (1 fois par jour)	10 g (à partir de 8 mois)	20 g	30 à 50 g progressivement
Fromage (1 fois par jour) ou laitage	20 g 100 g	20 g 100 à 120 g	30 g 100 à 120 g
Crudités	–	30 g	30 g
Fruits	60 à 80 g	80 à 100 g	80 à 100 g

Comment lui apporter le bon équilibre alimentaire ?

- Commencez par les légumes doux (carotte, courgettes, haricots verts...) et introduisez les légumes à goût plus prononcé (navet, choux, céleri...) plus tardivement.
- Donnez viande et poisson à cette même période à raison de 10 g par jour (2 cuillères à café) puis 20 g vers l'âge de 9 mois. Évitez la charcuterie (sauf le jambon cuit dégraissé). On augmentera ensuite de 10 g supplémentaires tous les 3 mois environ à partir d'un an.
- Cuisez les légumes et la viande à la vapeur, au bouillon, à l'étuvée, en excluant toute friture. Les viandes seront bien cuites pour éviter tout risque sanitaire, et pourront éventuellement être poêlées.
- N'ajoutez pas de sel (même si cela vous paraît fade) et limitez au maximum la cuisson des pâtes et du riz.
- N'ajoutez pas de sucre afin de ne pas dénaturer le goût et de ne pas l'habituer au goût sucré (on peut toujours mélanger avec un peu de compote...).
- Ajoutez 1 cuillère à café d'huile de colza, d'olive ou de noix, à alterner avec 1 noix de beurre afin de lui apporter les acides gras et les vitamines liposolubles nécessaires à sa croissance.
- La première année, continuez à lui donner, matin et soir, un apport de lait maternel ou de lait maternisé afin de maintenir un bon apport en zinc, fer, acides gras, tout en limitant l'apport protéique.

De vrais repas : un moment d'échange et d'éveil

Donner le biberon ou allaiter… vous avez créé un échange et un lien précieux entre votre enfant et vous… mais lors de la diversification, cette relation va continuer, par le jeu de regards, de sourires, de jeux… Et si la diversification implique l'abandon progressif du biberon (certains petits gardant tout de même pendant très longtemps l'habitude du biberon de lait le matin), elle fait partie des premiers pas vers l'indépendance.

En effet, votre bébé va non seulement apprendre à manger autrement, mais il va également découvrir de nouvelles couleurs, de nouveaux goûts, de nouvelles odeurs et surtout de nouvelles textures !

Pour l'apprentissage de Bébé au goût, votre rôle de parent est de tenir compte de l'inné, de son degré de sensibilité sensorielle, de son appréciation olfactive et de l'environnement familial. Bref, Bébé découvre et vous devez vous adapter à ses capacités et à son développement…

Un contexte social et affectif prépondérant

Votre rôle est immense dans ses nouvelles découvertes : respecter un environnement calme, lui donner de votre temps, nommer les aliments qui sont dans son assiette (il finira par associer la couleur orange à la carotte…).

Bref, des règles simples qui l'aideront à mieux apprivoiser le contenu de son assiette. C'est pour cela que je considère (malgré le bon vieux précepte éducatif qui dit qu'il ne faut pas jouer à table ou avec la nourriture !), que ces découvertes doivent se faire comme un jeu… Le bon savoir-vivre à table viendra ultérieurement…

Ainsi, jouer en manipulant la cuillère, plonger ses doigts dans sa purée, dessiner sur la table avec un peu de compote ou ramasser le micromorceau de carotte qui est tombé dans son bavoir sont autant d'expérimentations qui l'aideront à participer au repas.

Observez votre enfant dans cette découverte de nouveaux goûts, d'odeurs, de textures et plus tard de couleurs. Laissez-le se familiariser, à son rythme, avec ces nouveaux mets et s'éveiller à de nouvelles sources de plaisirs et d'échange (nouveaux aliments, repas en famille, communication…).

L'initier aux bonnes habitudes en famille

Lors de la diversification, les petits sont souvent mis à part… On les fait manger avant le reste de la famille, leurs menus sont totalement différents… Certes, il n'est pas toujours évident d'adapter le menu familial. Cependant, tâchez le plus possible de faire participer Bébé à ces moments d'échange.

Bébé et vous

Au début de la diversification, ne le couchez pas tout de suite après son repas, mais installez-le dans son transat (à terre pour des questions de sécurité), près de vous lorsque vous êtes à table… Il profitera de votre présence (et vous de la sienne !).

Dès que Bébé est en mesure de s'asseoir correctement, faites-le manger dans une chaise haute, à table avec vous.

Adaptez vos menus aux siens (ou l'inverse…), le mimétisme est particulièrement important dans ses découvertes et vous voir croquer dans un fruit lui donnera l'envie d'y goûter.

Goûtez les nouveaux aliments en famille, et n'hésitez pas à commenter les plats : ce que c'est, la couleur, le goût… et petit à petit à le faire participer.

Tous les repas ont leur importance, mais lorsque vous avez repris votre travail, le petit déjeuner et le dîner vont avoir une place prépondérante puisqu'ils arrivent chacun après des périodes de séparation. Ce sont de bons moments à partager pour passer une bonne journée ou une bonne nuit !

Tout ne se passe pas qu'à la maison

Votre enfant est gardé pendant la journée, et au moment de la diversification vous pouvez vous inquiéter de ce qu'il va manger à l'extérieur. Plusieurs solutions s'offrent à vous…

S'il est gardé en **crèche**, renseignez-vous impérativement sur les menus afin d'adapter celui du soir.

S'il est gardé chez une **assistante maternelle**, vous pouvez :

- soit apporter son repas. Sauf en cas d'allergie ou de conviction particulière, je le déconseille fortement. En effet, c'est une solution qui vous demandera du travail supplémentaire pour préparer son repas et l'amener (et donc du temps en moins à lui accorder), et vous le priverez d'habitudes et de menus différents de ceux de votre foyer ;
- soit demander à l'assistante maternelle de préparer le repas du midi (moyennant indemnité forfaitaire). Dans ce cas, instaurez le dialogue pour vous faire part mutuellement des progrès et des découvertes alimentaires de Bébé, et si vous découvrez qu'il s'est régalé avec un légume qu'il déteste à la maison, demandez-en la recette !

Comme pour la garde en crèche, ce sera à vous d'adapter son menu du soir en fonction de ce qu'il a mangé dans la journée, afin de lui assurer un bon équilibre alimentaire.

Mes conseils pour adapter le menu du soir :

- Si votre enfant a principalement mangé des légumes à midi, favorisez les féculents le soir (et inversement)…

ou présentez-lui un mix des deux. À partir de huit mois, il doit avoir au moins un légume cuit et un féculent par jour.

- S'il a eu des protéines (viande, poisson, œuf) à midi, il n'est pas obligatoire que vous lui en proposiez à nouveau le soir, surtout avant l'âge de 2 ans.
- Donnez-lui un produit laitier, mais s'il a déjà consommé du fromage à midi, optez plutôt pour un laitage (yaourt, fromage blanc, faisselle ou petit-suisse) le soir… Gardez toujours un apport laitier par repas (y compris au goûter !)
- Proposez un fruit ou une crudité le soir s'il n'en a eu qu'un seul au cours de sa journée (déjeuner et goûter), afin qu'il en ait au moins deux par jour.
- Préparez le repas en adaptant celui de la famille (en écrasant à la fourchette, en mixant juste avant) pour qu'il apprenne à manger comme vous !

Le développement du goût et le rejet alimentaire

À la naissance, votre bébé est capable de distinguer les quatre saveurs (sucré, salé, acide et amer), mais par réflexe son choix se porte sur le sucré, saveur déjà présente dans le lait.

C'est au moment de la diversification alimentaire qu'il va découvrir d'autres saveurs, parfois un peu déroutantes pour lui… mais également de nouvelles sensations en bouche, des odeurs, des textures.

Jusqu'à 18 mois, il vous fait suffisamment confiance pour que vous puissiez lui faire découvrir un large panel de goût. Comme il n'est pas encore dans une phase d'opposition, et pour conserver cette confiance, laissez-le recracher pour ne pas provoquer d'aversion alimentaire. Il sait qu'il peut rejeter, qu'on ne le force pas, il sera donc plus à même de goûter une autre fois.

C'est vers 18-24 mois que l'enfant devient sélectif et rejette progressivement des aliments nouveaux ou même déjà connus. Il commence à trier dans son assiette, à examiner l'aliment et, si quelque chose ne lui plaît pas (texture, goût ou même couleur), il le refuse. Cette phase, qui correspond souvent à l'âge d'opposition, est normale mais ne doit en aucun cas provoquer du stress ou des conflits (souvenez-vous que les repas doivent rester des moments de calme et d'échange !).

Bref, il faut savoir garder son *self-control* et ne pas le forcer, accepter que Bébé rejette le plat que vous aviez préparé avec tant d'amour. Vous y reviendrez, et il faudra parfois lui proposer jusqu'à huit à dix fois avant qu'il ne l'accepte. Sans baisser les bras et surtout sans que ledit aliment ne devienne une punition, car toute pression exercée sur l'enfant ne ferait que renforcer son rejet !

Le plus important, dans la construction du goût, reste le PLAISIR !

Les hypothèses de la néophobie

Pas toujours facile de comprendre ce qui se passe dans la tête d'un petit bout… Concernant la néophobie, quatre hypothèses sont avancées :

- la phase d'opposition aux parents (phase du « non ») ;
- la recherche d'un secteur de sécurité, caractérisé par des aliments déjà connus ;
- la conséquence de l'autonomie croissante, l'enfant commence à être à même de se demander si l'aliment nouveau est « bon » pour lui ;
- la rigidité perceptive.

Il arrive également que la néophobie ou le rejet se focalise sur une famille d'aliments… Par exemple, certains enfants qui ont plaisir à manger des compotes de fruits, refusent systématiquement tous les fruits en morceaux… Normal, la texture étant différente, le fruit en morceaux est une nouveauté et l'enfant a encore du mal à faire le lien entre la compote de pomme et la pomme en morceaux. Pour lui, ce sont deux aliments différents. Qu'à cela ne tienne ! Montrez-lui l'exemple et proposez-lui de petits morceaux de fraises ou de pommes… en conservant la compote pour maintenir un bon équilibre. Il finira par se familiariser !

Ne paniquez pas !

Votre enfant refuse de manger sa purée verte ? Hors de question de vous remettre aux fourneaux pour qu'il mange à sa faim ! Soyez rassuré, il ne se laissera pas mourir de faim et se rattrapera lors du prochain repas. Si vous acceptez de remplacer les légumes par de petites pâtes, sa néophobie finira par se transformer en caprice !

Rappel important : les repas en famille, la clé d'une bonne alimentation pour Bébé

C'est par mimétisme que votre enfant aura envie de découvrir de nouveaux aliments. Il est donc particulièrement important de lui montrer le bon exemple. Après ses premières soupes et le démarrage de la diversification, adaptez les recettes qui suivent et les proportions pour l'ensemble de la famille. Mettez-vous à table avec lui et n'hésitez pas à commenter les plats : couleurs, goûts, textures, ingrédients…

Allergies et intolérances alimentaires

On n'entend parler que de cela : allergies aux fruits à coque, aux protéines de lait de vache, intolérances digestives, allergies croisées… Quand elles apparaissent chez les tout-petits, les parents ne savent plus vers qui se tourner et s'inquiètent, évidemment, en s'orientant parfois vers des évictions alimentaires superflues.

C'est un vrai casse-tête de trouver les aliments adaptés… et pourtant, malgré toutes les préconisations, les conseils de médecins, sans parler des copines qui vivent soi-disant la même chose ou qui ont simplement un avis personnel, loin d'être médical, on remarque de plus en plus d'allergies, d'eczémas ou d'intolérances prétendument alimentaires…

Vous avez un doute ? CONSULTEZ !

Il n'est pas question d'exclure un aliment sous prétexte d'un eczéma… qui peut très bien avoir une autre origine que l'alimentation, comme l'environnement par exemple. Seul votre médecin pourra vous orienter vers les tests nécessaires pour savoir avec précision s'il y a allergie ou intolérance, ou rien d'inquiétant.

Gare aux autodiagnostics

Une maman vient me demander conseil car son fils a de l'eczéma (à cause du lait ?). Elle n'a même pas consulté son médecin, ce que je lui conseille vivement de faire. Il ne trouve rien et ne donne aucun régime particulier. Quelque temps plus tard, je la croise et l'interroge : son fils n'a plus d'eczéma, mais une chose a changé, leur maison est enfin terminée, les murs en plâtre ont été peints… et la poussière qui allait avec a disparu !

Conclusion : si la diversification alimentaire est source de beaucoup d'inquiétude pour les parents et de changements pour Bébé, il existe également de multiples facteurs environnementaux favorisant des symptômes qui font penser à une allergie. Ne faites pas vos diagnostics vous-même mais demandez conseil à votre thérapeute !

Ce n'est qu'une fois le diagnostic posé qu'il vous faudra adapter vos menus et vos petits plats : choisir un lait spécifique, pister les allergies croisées, supprimer toute source de gluten, faire la chasse aux produits contenant des fruits à coque (parfois seulement des traces de fruits), d'arachide…

Enfin, s'il existe un terrain familial à risque, votre médecin saura vous conseiller pour débuter la diversification alimentaire : âge, produits à éviter, rythme d'introduction des aliments.

La diversification alimentaire : à quel âge commencer ?

De quoi perdre son latin ! Alors que le discours d'une diversification à partir de 6 mois était bien rodé, de nouvelles études viennent contredire ces recommandations…

Il est vrai que malgré le dogme de la diversification tardive, l'incidence des allergies alimentaires reste galopante, alors posons-nous la question…

Aujourd'hui, deux écoles s'affrontent et la diversification précoce paraîtrait avoir moins d'incidence sur l'apparition des allergies alimentaires qu'elle n'en était accusée auparavant. Que faut-il alors croire ?

La diversification tardive

Il était classiquement recommandé de débuter l'alimentation solide (purées et compotes) après 4 mois révolus… voire même au-delà de 8 mois pour les enfants ayant un terrain familial allergique. Le maintien d'une alimentation au lait maternel permettait l'éviction d'aliments potentiellement allergisants et de ne pas titiller trop rapidement un système immunitaire encore fragile.

Par ailleurs, le lait maternel reste l'aliment essentiel de l'enfant jusqu'à 6 mois pour éviter les carences en calcium, acides gras essentiel, fer (recommandations de l'OMS[1] et de l'Espghan[2]) et le mieux adapté à son

---

1 Organisation Mondiale de la Santé.

2 *European Society of Paediatric Gastroenterology, Hepatology and Nutrition* : Société Européenne de gastro-entérologie, Hépatologie et Nutrition Pédiatrique.

développement physiologique. Mais trop peu d'enfants peuvent en bénéficier.

Une fenêtre d'opportunité

L'Espghan a revu ses recommandations depuis quelques années. Selon diverses études, il apparaîtrait qu'il existe une « fenêtre d'opportunité » chez l'enfant entre 17 et 24 semaines, période pendant laquelle l'enfant présenterait une meilleure tolérance et une baisse de sa sensibilité intestinale.

Ainsi, l'introduction progressive durant cette période d'aliments variés, y compris les allergènes principaux (poisson, œufs, certains fruits…) devient recommandée ! Que ce soit chez les enfants à risque ou chez les autres, aucune preuve scientifique ne montre l'intérêt d'une diversification plus tardive et l'apport à partir de 17 semaines faciliterait l'induction de la tolérance alimentaire.

L'introduction très progressive de gluten entre 4 et 7 mois diminuerait également le risque d'intolérance (maladie cœliaque).

> **Mon avis de diététicienne**
>
> Cette fenêtre d'opportunité est bien courte pour introduire la totalité des denrées que l'on peut proposer à un bébé, et le choix de chaque maman dépendra également des conseils de son médecin.

Dans un premier temps, on privilégiera les fruits cuits, les légumes aux goûts suffisamment doux avant de proposer des aliments plus forts, aux peaux plus épaisses, avec des pépins… Quant aux protéines, on favorisera dans un premier temps des viandes et des poissons bien cuits avant de s'attaquer aux crustacés, coquillages et autres produits plus risqués.

Tout cela n'est pas qu'une question d'allergie, mais aussi, et surtout une question de tolérance intestinale et de sécurité alimentaire.

Quant au gluten, attendre 1 mois de plus ne risque pas d'entamer l'équilibre alimentaire de votre bébé, alors qu'une intolérance est un vrai casse-tête pour les parents (et une exclusion alimentaire compliquée à mettre en place) vu la complexité de ce type de régime (eh oui, on trouve du gluten parfois même où l'on ne s'attend pas à en trouver !).

Je suis donc pour un démarrage précoce de la diversification alimentaire, mais en introduisant les légumes un par un (pour tester la tolérance de Bébé), les mets plus compliqués auront le temps d'être introduits progressivement au fur et à mesure du développement de votre enfant.

Allergie ou intolérance alimentaire ?

Pas évident de s'y retrouver, et l'amalgame est vite fait entre une allergie alimentaire et une intolérance à un aliment donné. Bien entendu, les deux sont à prendre au sérieux, mais des tests approfondis méritent d'être effectués avant d'exclure totalement un aliment. Une consultation chez un spécialiste est alors un passage obligé avant d'exclure un aliment précis, au risque de provoquer des carences chez votre bébé.

Récapitulatif explicatif

	Allergie	Intolérance alimentaire
DÉFINITION	Réaction spécifique à une substance (appelée allergène) provoquant une réaction immunitaire plus ou moins importante. La présence d'anticorps spécifiques (IgE) et la libération d'histamine en sont la caractéristique et provoquent un certain nombre de symptômes.	Réaction de l'organisme à une substance mais qui n'implique pas de réaction immunitaire. L'intolérance est souvent due à l'absence d'une enzyme (par exemple la lactase) ne permettant pas de digérer convenablement l'aliment (ici le lait).
CONSÉQUENCE	La réaction due à la présence d'IgE (anticorps dirigé contre l'aliment ou partie de l'aliment telle une protéine) provoque des réactions allant de la rhinite à la rougeur jusqu'au choc anaphylactique ! Donc des réactions plus ou moins graves, mais généralisées.	L'intolérance provoque principalement des réactions locales, notamment intestinales (diarrhée). Moins grave que l'allergie, il ne faut pourtant pas la prendre à la légère puisqu'elle peut à terme aboutir à une fatigue, un retard de croissance, une dénutrition
DIAGNOSTIC	Par un allergologue qui effectuera des tests notamment cutanés et ainsi vérifier le risque d'allergies croisées (entre différents types de lait, par exemple, ou différents types de fruits à coque).	Par le médecin qui pratique un régime d'exclusion : une combinaison d'aliments suspects est éliminée de l'alimentation pendant deux semaines avant une nouvelle exposition. Si les symptômes disparaissent durant cette période, les aliments suspects sont réintroduits en une fois, à des doses augmentées progressivement jusqu'à une consommation normale. Quand l'aliment suspect est clairement identifié, il peut être facilement évité.
CONDUITE À TENIR	Élimination totale de l'allergène, donc d'un aliment ou d'un groupe d'aliments, pour éviter toute réaction. Bien lire les étiquettes pour éviter tout risque. Remplacer l'aliment incriminé par un autre dans vos préparations.	Limiter au maximum l'aliment incriminé, de petites traces pouvant tout de même être tolérées sans conséquence. Exception faite pour l'intolérance au gluten, protéine présente dans le blé, le seigle, l'orge, l'avoine. Bien lire les étiquettes.

.../...

	Allergie	Intolérance alimentaire
LES PLUS RENCONTRÉES	Allergies aux protéines de lait de vache (attention aux allergies croisées avec d'autres types de lait), fruits à coques, œufs, certains poissons, certains fruits (kiwi, fraise, banane, fruit à coque), arachide, blé, sésame, coquillage, crustacé	Intolérance au lactose, à la saccharose, au fructose (attention au miel), au gluten (protéine spécifique des céréales).

Focus sur l'intolérance au gluten

L'agent toxique, la gliadine, présente dans le gluten, est une protéine présente dans certaines céréales. Il provoque une modification de la paroi intestinale qui aboutit à la diminution de la surface d'absorption des aliments… d'où l'apparition de diarrhées, perte de poids, retard de croissance, dénutrition et carences (notamment en fer et calcium !).

Lorsque le diagnostic est médicalement posé (recherche d'anticorps spécifiques, endoscopie de la paroi abdominale, arrêt des symptômes après éviction totale des sources de gluten), le traitement diététique se base sur **l'exclusion absolue** du gluten du blé et des autres céréales réputées toxiques dans l'alimentation.

Il est souhaitable de lire avec grand soin la composition figurant sur les emballages et de prohiber tous les produits indiquant : FROMENT, BLÉ, AVOINE, SEIGLE, ÉPEAUTRE, KAMUT, AMIDON, AMIDON MODIFIÉ et MATIÈRES AMYLACÉES NON PRÉCISÉES. Cependant, d'autres céréales peuvent être touchées par « contact » lors des manipulations. C'est par exemple le cas de certaines préparations industrielles ou du sarrasin (blé noir).

D'autres aliments peuvent contenir des traces de gluten là où on ne les attend pas… et la simple lecture de l'étiquette peut se révéler parfois insuffisante.

Les patients sont souvent perdus face à cette intolérance. Si votre enfant en est atteint, je vous recommande vivement de contacter l'AFDIAG[1] qui vous dirigera vers des listes d'aliments pouvant être consommés.

De mon point de vue, préparer vous-même les aliments pour votre bébé est déjà la règle la plus simple pour éviter toute contamination… Quant aux aliments industriels, recherchez systématiquement ceux indiquant l'absence de gluten. Pour les autres, sachez qu'il existe un logo pour vous y aider, celui d'un épi de blé barré… En cas de doute, ne donnez pas cet aliment à votre bébé !

En cas d'intolérance, vous pouvez sans problème remplacer, dans les recettes, les céréales incriminées :

- les pâtes, semoules… par du riz, des pommes de terre, du maïs ;
- les farines de blé ou de seigle… par de la farine de maïs, de blé noir (certifiée sans gluten), de riz, de châtaigne, de manioc, de millet.

1 Association française des Intolérants au Gluten (www.afdiag.fr).

La cuisson détruit-elle le gluten ?

Contrairement aux idées reçues, le gluten n'est pas détruit pas la cuisson... et reste présent dans les aliments bio ! Même en quantités infimes, il peut provoquer des troubles de la maladie cœliaque !

Fromage au lait cru ou pasteurisé ?

Si le lait est fortement déconseillé chez la femme enceinte en raison du risque de listériose, selon les dernières études, il n'en est rien chez le bébé.

Au contraire, un petit est tout à fait capable de lutter contre les bactéries apportées par les fromages au lait cru. Par ailleurs, toujours selon les dernières études, ces fromages diminueraient le nombre d'infections et d'allergies chez l'enfant, en l'aidant à développer une meilleure flore intestale.

Pour autant, commencez par des fromages au goût peu prononcé avant de lui proposer des fromages plus forts tels que le Roquefort ou de la Fourme d'Ambert... Il risquerait de faire un peu la grimace !

Les règles d'or repas par repas

Le petit déjeuner, 6 règles d'or

❶ Apprenez à privilégier ce moment de la journée et à lui donner toute son importance.

❷ Faites-en un moment plaisir pour votre bébé en vous installant avec lui.

❸ Laissez votre bébé prendre son temps ; prenez le vôtre par la même occasion, ce ne doit pas être un repas « sur le pouce » !

❹ Apprenez à Bébé à consommer au moins un produit laitier et un produit céréalier.

❺ S'il ne veut pas manger ou s'il n'a pas faim – il est peut-être un peu tôt pour lui –, proposez-lui des aliments plaisir pour l'inciter à apprécier ce moment.

❻ En fonction de l'heure, Bébé pourra prendre son petit déjeuner chez l'assistante maternelle ou à la crèche, mais privilégiez au maximum le moment familial.

Le petit déjeuner âge par âge

	Produit Laitier	Produit céréalier	Fruit	Le petit plaisir
4 à 8 mois	Lait infantile 180 à 240 ml	Céréales sans gluten jusqu'à 6 mois puis céréales sans ajout de sucre	–	–
8 à 12 mois	Lait infantile 180 à 240 ml	Céréales aromatisées non sucrées **ou** premières tartines beurrées	10 cl de jus de fruits ou une petite compote de fruits	–
12 à 18 mois	180 ml de lait de croissance	Céréales aromatisées **ou** premières tartines beurrées	10 cl de jus de fruits ou quelques morceaux de fruits de saison	Un peu de confiture ou de miel pour le plaisir
18 mois à 3 ans	150 ml de lait de croissance ou un laitage	Tartines beurrées ou tranche de brioche ou biscottes	10 cl de jus de fruits ou un petit fruit	Cacao pour le lait ou confiture ou miel dans le yaourt

Progressivement, aidez votre bébé à consommer le petit déjeuner idéal :

- un produit laitier (lait au biberon puis progressivement un laitage ou même un petit morceau de fromage) ;
- un apport céréalier (céréales sans gluten, puis aromatisées, et progressivement on croque dans une tartine de pain ou de brioche…) ;

- un peu de beurre pour les matières grasses (essentiel à sa croissance et en quantité raisonnable) ;
- un apport de fruit (jus de fruit ou compote et progressivement petit fruit à croquer) ;
- s'il le souhaite, un « petit plus » plaisir (cacao, confiture, miel…).

Le déjeuner, 6 règles d'or

❶ Premier repas à la cuillère, Bébé découvre progressivement de nouveaux goûts, alors laissez-lui du temps pour déguster chaque cuillerée !

❷ Tout d'abord composé de quelques cuillerées de purée simple accompagnées d'un biberon de lait, le déjeuner va progressivement devenir un repas comme pour les grands : entrée, plat, laitage et fruit en dessert.

❸ C'est le premier repas dans lequel la viande est introduite, à raison de 10 g vers 6/7 mois.

❹ Si le repas n'est pas pris à la maison, renseignez-vous bien sur son menu afin d'équilibrer le soir et de varier.

❺ Les petits plaisirs (biscuits, entremets, desserts en famille s'ils sont adaptés) ne sont pas interdits, mais à réserver pour certaines occasions !

❻ Pensez à donner de l'eau au cours du repas et surtout à la fin (s'il boit trop au début, il risque d'avoir l'appétit coupé).

Le déjeuner âge par âge

	Entrée	Légumes	Apport glucidique	Apport protéique	Produit laitier	Fruit
4 à 6 mois	–	Premières cuillerées jusqu'à 150 g	–	–	Lait infantile	–
6 à 12 mois	–	150 à 200 g de purée de légumes	Un peu de pomme de terre avec les légumes	10 g à partir de 8 mois en augmentant progressivement	Laitage nature ou premiers morceaux de fromage	Quelques cuillerées de compote
À partir de 12 mois	Initiation aux premières crudités nature (attendre 18 mois pour la vinaigrette)	Apport de légumes et/ou de féculents (à compléter avec le dîner) Les textures changent progressivement, d'abord les premiers petits morceaux de légumes, puis les textures « comme les grands »		15 g à 1 an 25 g à 18 mois 30 à 40 g entre 2 et 3 ans	Laitage nature (sucré pour le plaisir de temps en temps) Ou 20 g de fromage	Compote et, progressivement, petit fruit à croquer

Le goûter, 3 règles d'or

❶ Si le goûter n'est pas obligatoire chez l'adulte, il est **essentiel à l'enfant** pour ses besoins de croissance… Entre le déjeuner et le dîner, le temps est long et Bébé a besoin de recharger les batteries !

❷ Le goûter doit au moins comporter **un produit laitier et un produit céréalier**… Au besoin quelques cuillerées de compote pour le plaisir (ou s'il se trouve que Bébé a vraiment faim !).

❸ Afin de respecter son rythme, ne donnez **pas trop tardivement** le goûter, il risquerait de ne pas avoir d'appétit au dîner…

Le goûter âge par âge

	Produit laitier	Produit céréalier	Fruit
4 à 6 mois	180 ml de lait infantile	–	Premières cuillerées de compote de fruits (initiation à la cuillère)
6 à 12 mois	Lait infantile	Céréales dans le lait	Quelques cuillerées de compote de fruits
À partir de 12 mois	Un produit laitier	Quelques céréales ou petite tartine de pain beurré Occasionnellement un biscuit	+/- 10 cl de jus de fruits ou un petit fruit

Et le chocolat ?

Pensez-y… plutôt que de donner des biscuits industriels, proposez un peu de pain frais avec 1 ou 2 carrés de chocolat noir dès qu'il est en mesure de le croquer ! Un goûter assurément sain… et simple !

Le dîner, 7 règles d'or

❶ Le biberon de lait, parfois aromatisé au bouillon de légumes ou complété de purée de légumes, reste de mise les premiers temps de la diversification.

❷ Privilégiez un environnement calme afin de préparer Bébé à passer une bonne nuit.

❸ Vers 7/8 mois, lorsque la diversification est bien amorcée, remplacez le lait par un repas complet.

4. Organisez le repas en fonction du menu du déjeuner, afin d'équilibrer son alimentation quotidienne.
5. Pensez à prendre ce repas avec lui, dès qu'il est en mesure de s'asseoir dans sa chaise haute.
6. Si votre bébé a eu un apport protéique suffisant le midi, il est inutile de lui en donner le soir.
7. Pensez à lui donner de l'eau lorsqu'il a fini son biberon de lait afin de lui assurer une bonne hydratation.

Le dîner âge par âge

	Légumes	Féculent	Produit laitier	Fruit
4 À 8 MOIS	Sous forme de bouillon (à la place de l'eau du biberon) ou quelques cuillerées de purée avant le biberon	–	180 à 240 ml de lait infantile	Quelques cuillerées en alternance avec le goûter
8 À 12 MOIS	150 g de purée de légumes	Un peu de féculent ou du pain, surtout s'il n'y a pas eu d'apport le midi	150 ml de lait infantile ou un laitage non sucré	100 g de compote
À PARTIR DE 12 MOIS	Purée légumes + féculent ou légumes et pain		un laitage ou 20 g de fromage (s'il n'en a pas eu dans la journée)	100 g de compote ou un petit fruit

En conclusion

Vous voilà parés : son alimentation n'a maintenant plus aucun secret pour vous !

Au gré de vos envies (et parfois de celles de Bébé dont les goûts commencent à s'affirmer !), vous pouvez varier ses menus à l'infini. Pour toujours plus de plaisir à table…

Finalement, au-delà de la mode des produits bio, que voulez-vous lui donner ? Que du bon évidemment, et même le meilleur… des légumes de saison, des légumes oubliés, des couleurs variées et des aromates pour éveiller ses papilles mais aussi ses autres sens : le toucher, la vue, l'ouïe (ah le bruit de la croûte de pain sous la dent) et bien sûr l'odorat. Autant de petits plaisirs qui le pousseront naturellement vers d'autres découvertes…

Préparer des petits plats et manger équilibré sera pour vous un jeu d'enfant !

Partie 2

Les recettes

Les premières soupes pour démarrer

C'est le moment de faire savoir à Bébé qu'il n'y a pas que le lait dans la vie ! L'usage de la cuillère n'est pas encore évident et tout faire d'un coup est compliqué : de nouveaux aliments, des aliments solides à avaler, une nouvelle posture pour manger, de nouvelles textures… autant de changements qui peuvent dérouter Bébé.

Allez-y en douceur : préparez-lui des soupes lactées aux saveurs variées, et gardez les autres initiations pour plus tard…

Bébé a déjà de quoi faire : les textures doivent être liquides (soit vous préparez chaque jour son lait pour un ou deux de ses repas avec un bouillon de légumes, soit il profitera, au déjeuner par exemple, d'une soupe très lisse ou encore d'un smoothie qu'il boira au biberon. Pour cela, armez-vous d'une tétine à gros débit afin que les aliments passent facilement. Vous pourrez être amenés à agrandir le trou de la tétine pour laisser passer les aliments).

L'ustensile incontournable : le mixer ou le blender…

L'ingrédient de base : des fruits et des légumes de saison, extrafins de préférence ou dont on utilise les parties les moins fibreuses (on évitera dans un premier temps les pépins, les peaux et le vert de poireau qui risque de laisser de petits fils qui se coinceront dans la tétine et seront peut-être mal supportés par les intestins de Bébé !).

Les bouillons

Ne jetez rien ! Récupérez les jus de cuisson de vos légumes pour préparer les biberons du déjeuner ou du dîner… La consistance du biberon sera la même, mais Bébé aura pour lui minéraux et vitamines… C'est un premier pas vers la découverte du goût.

Avec le lait, Bébé ne connaît que le goût sucré pour lequel, depuis sa naissance, il éprouve une grande attirance. Devant le salé, l'acide et l'amer, il pourra être surpris au départ, mais apprendra progressivement à les apprécier.

Vous préparerez ainsi des bouillons variés, en les versant dans le biberon jusqu'à la graduation habituelle (toujours multiple de 30 ml), puis en ajoutant la dose de lait en poudre correspondante.

Parents pressés et débordés ?

Plutôt que de faire tous les soirs un bouillon pour Bébé – ce qui est quasiment du domaine de l'impossible ! –, jouez-la futé : faites un bon gros bouillon pendant le week-end et congelez-le dans de petits récipients ou dans vos bacs à glaçons pour la semaine à venir ! Et ne faites pas toujours la même recette...

Vers 6 mois, vous pourrez mixer les légumes pour en faire une purée lisse que vous mélangerez progressivement au lait, vous vous orienterez ainsi vers une consistance moins liquide (pensez à adapter la tétine du biberon).

Les soupes

Bébé grandit, et son appétit aussi... Pour autant, on ne peut pas augmenter continuellement les quantités de lait. Au-delà de 240 g, si Bébé en redemande, c'est qu'il a besoin d'être calé par des aliments plus consistants. C'est le moment de passer à de vraies soupes, le midi et le soir, dernier stade avant les purées à la cuillère.

Pensez à toujours bien mixer vos légumes, pour éviter de boucher la tétine, et choisissez-en une à grande ouverture.

Ici, on parle bien de soupe, mais les légumes seront mélangés à du lait reconstitué (1er ou 2e âge) afin d'avoir l'apport de laitage indispensable. Inutile donc de lui proposer un laitage supplémentaire : vous pourrez simplement lui proposer un peu de compote en dessert selon son appétit !

Les premières soupes

Bouillon de carotte à l'estragon

Dès 4 mois

Ingrédients : *100 g de carotte (1 moyenne) ; quelques feuilles d'estragon ; lait 1er âge en poudre.*

- Pelez et lavez la carotte et les feuilles d'estragon. Coupez la carotte en fines rondelles, plongez-les dans une casserole d'eau. Comptez ½ litre d'eau, compte tenu de l'évaporation.
- Faites cuire la carotte 1 h 30 afin de la débarrasser des nitrates.
- Ajoutez l'estragon 15 minutes avant la fin de la cuisson.
- Filtrez le bouillon et laissez-le tiédir.
- Versez-le dans le biberon gradué et ajoutez le lait en poudre. Vérifiez la température. C'est prêt !

Se faciliter le quotidien

La cuisson est certes longue alors n'hésitez pas à augmenter les proportions et à conserver le reste.

Bouillon de haricots verts au persil

Dès 4 mois

Ingrédients : *100 g de haricots verts extrafins ; quelques feuilles de persil plat.*

- Équeutez et lavez les haricots verts, puis plongez-les dans une casserole avec ½ litre d'eau.
- Lavez les feuilles de persil.
- Portez à ébullition et laissez cuire à feu doux 45 minutes avec le persil.
- Filtrez le bouillon, laissez-le tiédir puis versez-le dans le biberon.
- Ajoutez le lait en poudre, vérifiez la température.

Bouillon de légumes printaniers

Dès 4 mois

Ingrédients : *1 carotte nouvelle ; 1 petit navet ; 50 g de blanc de poireau (½ blanc d'un poireau moyen) ; 1 c. à s. de petits pois extrafins frais ou surgelés ; quelques feuilles de persil plat.*

- Pelez et lavez la carotte, le navet, le blanc de poireau (après l'avoir coupé préalablement dans le sens de la longueur pour bien retirer les résidus de terre, puis en tronçons) et le persil.
- Coupez tous les légumes en petits morceaux. Écossez les petits pois si vous les avez achetés frais.
- Plongez tous les légumes, persil compris, dans une casserole avec 1 litre d'eau et portez à ébullition.
- Laissez cuire 1 heure à feu doux.
- Filtrez le bouillon, laissez tiédir puis versez dans un biberon. Ajoutez le lait en poudre, vérifiez la température.

Bouillon d'automne

Dès 4 mois

Ingrédients : *1 petit navet ; 100 g de potiron ; 50 g de carotte (1 petite).*

- Pelez et lavez la carotte et le navet. Pelez le potiron et supprimez ses fibres et ses pépins. Coupez les légumes en petits morceaux et plongez-les dans une casserole avec 1 litre d'eau. Portez à ébullition.
- Laissez cuire 1 heure à feu doux.
- Filtrez le bouillon, laissez tiédir puis versez dans un biberon. Ajoutez le lait en poudre, vérifiez la température.

Bouillon d'hiver

Dès 4 mois

Ingrédients : *1 endive ; 1 carotte ; 1 branche de cerfeuil.*

- Prélevez les feuilles de l'endive après avoir enlevé le cœur afin de supprimer l'amertume, lavez-les. Épluchez, lavez et coupez la carotte en petits tronçons.
- Plongez les légumes et le cerfeuil dans une casserole avec ½ litre d'eau et portez à ébullition.
- Laissez cuire 1 h 30 à feu doux.
- Filtrez le bouillon, laissez tiédir puis versez dans un biberon. Ajoutez le lait en poudre, vérifiez la température.

L'endive, un peu amère…

Si l'endive peut paraître assez amère au palais des plus jeunes, le goût sucré de la carotte et du lait atténuera cette amertume pour une découverte plaisir assurée.

Bouillon d'été

Dès 4 mois

Ingrédients : *100 g de courgette (½ moyenne) ; 1 tomate olivette ; 1 cœur d'artichaut (surgelé de préférence).*

- Lavez la courgette et la tomate. Coupez-les en morceaux, de même que le cœur d'artichaut.
- Plongez les légumes dans une casserole avec ½ litre d'eau et portez à ébullition.
- Laissez cuire 1 h 30 à feu doux.
- Filtrez le bouillon, laissez tiédir puis versez dans un biberon. Ajoutez le lait en poudre, vérifiez la température.

Mon conseil d'achat pour le cœur d'artichaut

Je suggère de les prendre surgelés, car en boîte, ils sont plus riches en sel.

SOUPE DE FEUILLES

Dès 4/5 mois

Ingrédients : *4 ou 5 feuilles de blettes ; ¼ de laitue ; quelques feuilles de persil plat ; 150 ml de lait reconstitué (2e âge).*

- Lavez soigneusement les feuilles de blette, retirez les grosses nervures. Lavez soigneusement la laitue et les feuilles de persil.
- Ciselez les feuilles puis faites cuire l'ensemble 20 minutes dans un panier vapeur.
- Mixez finement en purée puis mélangez cette purée avec le lait.
- Portez le tout à ébullition dans une casserole. Dès le premier bouillon, retirez du feu, laissez refroidir puis versez dans un biberon.

Soupe d'artichaut pomme de terre

Dès 4/5 mois

Ingrédients : *2 cœurs d'artichauts surgelés ; 50 g de pomme de terre (1 petite) ; quelques feuilles d'estragon ; 150 ml de lait reconstitué (2e âge).*

- Épluchez et lavez la pomme de terre, coupez-la en petits dés. Coupez les cœurs d'artichauts en dés. Lavez les feuilles d'estragon.
- Faites cuire les légumes 25 minutes dans un panier vapeur, puis mixez-les.
- Délayez avec le lait tiède, versez dans le biberon, vérifiez la température et servez.

Un dîner parfait !

L'apport de la pomme de terre rend cette soupe plus nourrissante grâce aux sucres lents. Elle est donc idéale le soir pour les petits goulus.

Soupe de potiron et poireau

Dès 4/5 mois

Ingrédients : *100 g de potiron ; le blanc d'un poireau moyen ; quelques feuilles de coriandre ; 150 ml de lait reconstitué (2e âge).*

- Retirez l'écorce du potiron, éliminez les fibres et les graines, coupez la chair en petits morceaux.
- Lavez le poireau après l'avoir fendu plusieurs fois dans la longueur, puis coupé en tronçons. Lavez et ciselez la coriandre.
- Faites cuire l'ensemble 30 minutes dans un panier vapeur, puis mixez finement.
- Délayez avec le lait tiède, versez dans le biberon, vérifiez la température et servez.

Mon conseil

À partir de 8 mois, pensez au mélange avec un poisson blanc tel que le cabillaud… Le mélange des saveurs avec le poireau est succulent !

SOUPE DE TOMATES

Dès 4/5 mois

Ingrédients : *100 g de tomates olivette ; 50 g de pomme de terre (1 petite) ; quelques feuilles de basilic ; 150 ml de lait reconstitué (2e âge).*

- Mondez les tomates dans l'eau bouillante afin de retirer la peau. Coupez-les en deux, retirez les pépins.
- Épluchez et lavez la pomme de terre puis coupez-la en dés. Lavez les feuilles de basilic.
- Faites cuire la pomme de terre 10 minutes à la vapeur. Ajoutez les tomates et le basilic puis prolongez la cuisson 10 minutes.
- Mixez finement, puis délayez avec le lait tiède. Versez dans le biberon, vérifiez la température et servez.

Crème de citrouille

Dès 4/5 mois

Ingrédients : *100 g de citrouille ; quelques feuilles d'estragon ; ¼ de litre de lait (reconstitué ou entier, selon l'âge).*

- Retirez l'écorce de la citrouille, éliminez les graines et les fibres. Coupez la chair en dés. Lavez l'estragon.
- Dans une casserole, faites cuire 30 à 40 minutes à feu doux la citrouille, l'estragon et le lait. La citrouille doit être tendre.
- Passez le tout au mixeur puis versez dans un biberon. Vérifiez la température avant de servir.

Mon conseil

Avec un ¼ de litre de lait, cette recette est donnée pour deux repas. Réduisez la quantité de lait pour les plus grands qui mangent déjà à la cuillère ! Et dans ce cas, ajoutez 20 g de gruyère râpé pour compléter l'apport en laitage.

Soupe d'épinards

Dès 6 mois

Ingrédients : *50 g de feuilles d'épinards surgelés ou frais ; 50 g de pomme de terre (1 petite) ; 150 ml de lait reconstitué (2e âge).*

- Épluchez et lavez la pomme de terre puis coupez-la en dés.
- Faites-la cuire 25 minutes dans le panier vapeur avec les épinards, puis mixez.
- Délayez avec le lait tiède, versez dans le biberon, vérifiez la température et servez.

En accompagnement

À partir de 6 mois, complétez cette soupe d'une petite compote de fruit.

À partir de 8 mois, réduisez le lait de la recette pour en faire une purée, à compléter d'un peu de poisson (si c'est au déjeuner) et d'un petit-suisse.

Les premiers desserts

Quel drôle d'objet cette cuillère ! C'est bien difficile de s'en servir et encore plus compliqué d'avaler alors que Bébé savait si bien téter… Donnez-lui envie en commençant par des produits sucrés. Il appréciera le goût même si, au début, il en rejette la moitié. Tout cela n'est pour lui qu'une question d'entraînement !

Mollo sur le sucre !

Attention, quand je parle de sucré, on reste sur des aliments simples, des fruits notamment ou des laitages, sans sucre ajouté !

Inutile de rajouter systématiquement du sucre en poudre, le palais de Bébé est suffisamment sensible au sucre pour ne pas en abuser… Vous risqueriez de déformer son goût et qu'il soit, en grandissant, attiré par des produits industriels trop sucrés…

Ainsi, même s'il fait la moue devant une première cuillerée de yaourt ou de fromage blanc nature, laissez-le découvrir ce petit goût acide qui lui permettra d'apprécier d'autres aliments. Souvenez-vous : le sucre pur est le seul aliment dont le corps peut se passer sans risquer de carence !

Les smoothies

Comme pour les bouillons et les premières soupes, la texture très fluide des smoothies vous permettra de compléter le biberon de lait de votre pitchoun par les premières saveurs de fruits... avant de passer aux compotes. Pensez à conserver une partie des fruits sous forme de compote et à lui donner avant le biberon, afin de « l'entraîner » à la cuillère... Après quelques cuillerées, donnez le reste de la compote mélangé à du lait ou à un yaourt (suivant les recettes) dans le biberon...

Mes desserts tout simples

Ces recettes vont combler de bonheur les petits bébés gourmands, tout en restant raisonnable sur la quantité de sucre !

Les premiers desserts

Smoothie orange banane

Dès 4 mois

Ingrédients : *½ banane bien mûre ; 1 orange ; 1 yaourt nature (ou 100 ml de lait).*

- Épluchez la banane et coupez-la en morceaux.
- Pressez l'orange en jus (vérifiez bien l'absence de pépins).
- Mixez la banane avec le jus d'orange et le yaourt.
- Versez dans le biberon et servez.

Conseil pour l'initier aux premières cuillerées de fruit

Vous pouvez démarrer le goûter en donnant quelques cuillerées de banane écrasée, mélangée avec du jus d'orange, puis vous terminez de mixer les ingrédients pour les servir dans le biberon.

Dessert pomme coing

Dès 4 mois

Ingrédients : *1 pomme type golden ou elstar (peu acide) ; 1 coing ; 1 c. à c. de jus de citron ; 150 ml de lait 2e âge.*

- Pelez et épépinez les pommes et le coing. Coupez-les en petits morceaux et arrosez-les de jus de citron.
- Placez les fruits dans un panier vapeur et faites-les cuire 15 minutes. Ajoutez le miel, le lait et mixez le tout. Versez dans le biberon et servez.

Mon conseil

Pour les plus grands, mixez sans le lait et servez la compote accompagnée d'un yaourt ou d'un fromage blanc nature.

Smoothie banane ananas

Dès 4 mois

Ingrédients : *½ banane bien mûre ; 50 ml de jus d'ananas (100 % pur jus) ; 150 ml de lait 2e âge.*

- Épluchez la banane, coupez-la en morceaux.
- Mixez-la avec le jus d'ananas et le lait pour obtenir un mélange bien homogène.
- Versez dans un biberon et servez.

En accompagnement d'un repas simple

La banane étant un fruit assez calorique, il est inutile de trop charger le repas… Une purée ou une soupe de légumes verts, sans pomme de terre, sera suffisant.

SMOOTHIE POMME, VANILLE ET CANNELLE

Dès 4 mois

Ingrédients : *1 belle pomme ; 1 yaourt nature ; 1 c. à c. de vanille liquide ; 1 pincée de cannelle.*

- Épluchez et épépinez la pomme. Coupez-la en morceaux.
- Faites-la cuire à feu très doux dans une casserole avec un fond d'eau, l'extrait de vanille et la cannelle.
- Lorsque les morceaux sont fondants, passez la pomme au mixeur avec le yaourt.
- Servez dans un ramequin, ou allongez avec un peu de lait pour une texture adaptée au biberon.

Compote pomme carotte

Dès 4 mois

Ingrédients : *½ pomme ; 50 g de carotte (1 petite) ; 1 pincée de cannelle ; 1 c. à c. de jus de citron.*

- Épluchez la pomme et la carotte.
- Mettez-les à cuire 20 minutes environ dans une casserole avec un peu d'eau, le citron et la cannelle, en couvrant bien.
- Lorsque la carotte et la pomme sont bien moelleuses, passez-les au mixer pour rendre la compote bien lisse. Servez tiède.

Mon conseil

La carotte est souvent l'oubliée des desserts… alors osez la faire découvrir ainsi, Bébé ne pourra que l'apprécier !

MOUSSE POIRE BANANE

Dès 4 mois

Ingrédients : *½ banane ; ½ poire ; 1 petit-suisse ; 1 pincée de cannelle ; 1 c. à c. de jus de citron.*

- Pelez la banane et la poire. Coupez la banane en rondelles et la poire en petits dés.
- Faites-les cuire 5 minutes, à feu doux et à couvert, avec le jus de citron, la cannelle et un peu d'eau.
- Mixez les fruits et mélangez bien avec le petit-suisse. Servez frais.

Mes conseils

Au fur et à mesure que Bébé grandit, vous pourrez servir ce dessert sans mixer les fruits pour lui faire découvrir les petits morceaux.

À partir de 8 mois, complétez le petit-suisse par 10 g de gruyère dans son plat.

Smoothie mangue poire

Dès 6 mois

Ingrédients : *½ poire bien mûre ; ½ mangue bien mûre ; 2 feuilles de menthe ; 150 ml de lait 2e âge.*

- Épluchez la poire et la mangue. Enlevez pépins et noyaux.
- Coupez les fruits en petits morceaux.
- Mixez-les avec la menthe. Ajoutez le lait et mixez de nouveau. Versez dans un biberon et servez.

Petit-suisse vanillé à la fraise

Dès 6 mois

Ingrédients : *2 petits-suisses ; 100 g de fraises ; 3 ou 4 gouttes de vanille liquide.*

- Lavez et équeutez les fraises. Conservez-en une pour la décoration. Passez les autres au mixeur pour les réduire en coulis. Ajoutez le sucre vanillé.
- Mélangez le coulis de fraises avec les petits-suisses, décorez avec la fraise restante coupée en petits dés et servez.

Variantes

Pour les petits gourmets, on peut varier ce dessert en ajoutant un peu de menthe ciselée, de la verveine ou même du basilic…

Milk-shake vanille fraise

Dès 6 mois

Ingrédients : *1 boule de glace à la vanille ; 100 g de fraises ; 100 ml de lait de croissance.*

- Lavez et équeutez les fraises.
- Mettez-les avec la glace et le lait dans le bol du mixeur et mixez jusqu'à obtenir une texture lisse.
- Versez dans le biberon ou dans un verre avec une paille, selon l'âge du pitchoun !

Milk-shake framboise

Dès 6 mois

Ingrédients : *50 g de framboises ; 100 ml de lait ; 50 g de fromage blanc ; 1 c. à c. de sucre glace ; quelques gouttes d'extrait de vanille.*

- Lavez les framboises et égouttez-les bien. Mixez-les avec le sucre glace pour obtenir une purée que vous passez au chinois pour éliminer les grains.
- Ajoutez le lait, le fromage blanc et l'extrait de vanille et mixez à nouveau. Servez frais au biberon ou au verre avec une paille pour les plus grands.

Compotée de pêche framboisine

Dès 6 mois

Ingrédients : *1 pêche blanche ; 3 c. à s. de coulis de framboises ; 1 feuille de menthe.*

- Lavez, dénoyautez et coupez la pêche, passez-la au mixeur.
- Placez-la dans une assiette creuse, lissez le dessus et décorez avec le coulis de framboises en dessinant selon votre inspiration (serpentin, petits cercles, petits pois...), déposez au centre la feuille de menthe lavée. Servez.

Purée de pruneaux d'Agen

Dès 6 mois

Ingrédients : *100 g de pruneaux d'Agen dénoyautés ; 100 g de fromage blanc ; 1 c. à c. d'amandes en poudre.*

- Faites gonfler les pruneaux dans un bol rempli d'eau très chaude (ou dans de l'eau froide et 1 minute 30 au micro-ondes). Mixez-les soigneusement pour obtenir une texture bien lisse.
- Déposez le fromage blanc dans un ramequin, faites un puits et versez-y la purée de pruneaux. Saupoudrez de poudre d'amandes.

Avec modération

Ne donnez pas trop souvent cette purée à votre enfant ! En effet, si elle est idéale pour lutter contre la constipation, elle risque cependant d'irriter ses intestins.

MOUSSE À L'ANANAS

Dès 6 mois

Ingrédients : *2 tranches d'ananas bien mûr (environ 100 g) ; 1 blanc d'œuf ; 1 c. à c. de sucre en poudre.*

- Coupez l'ananas et mixez-le finement.
- Battez le blanc d'œuf en neige ferme. Lorsqu'il tient au fouet, sucrez-le en mélangeant doucement.
- Incorporez l'ananas, mixez et versez dans une coupelle à dessert.

Mes conseils

Selon les saisons et les envies, vous pouvez remplacer l'ananas par de la banane, de la compote de fruits rouges ou de la pêche…

Le blanc d'œuf apportera les protéines. Ce dessert pourra donc accompagner une purée simple, sans viande ni poisson… À compléter par un laitage.

Mousse à l'abricot

Dès 6 mois

Ingrédients : *100 g d'abricots bien mûrs ; 1 blanc d'œuf ; 1 c. à c. de sucre en poudre ; 1 pincée de cannelle.*

- Lavez les abricots, dénoyautez-les et coupez-les en dés. Faites-les cuire dans une casserole 10 minutes avec un peu d'eau et à feu doux. Mixez. Ajoutez la cannelle.
- Battez le blanc d'œuf en neige très ferme dans lequel vous incorporez, délicatement et à la fourchette, la compote d'abricot. Servez frais.

Mes conseils

Le blanc d'œuf remplacera encore une fois la protéine du plat…

À accompagner de 100 g de fromage blanc pour mieux "adoucir" l'acidité de l'abricot.

SMOOTHIE POIRE KIWI

Dès 8 mois

Ingrédients : *1 kiwi bien mûr ; 1 poire bien mûre ; 1 yaourt.*

- Épluchez le kiwi, coupez-le en morceaux.
- Épluchez et épépinez la poire, coupez-la en morceaux.
- Mixez les fruits avec le yaourt, allongez avec un peu de lait pour obtenir la consistance voulue et versez dans le biberon. Servez.

Mon conseil

Apprenez à varier les textures selon les envies de Bébé – et les vôtres aussi : un peu plus de lait pour lui donner au biberon, la compote et le yaourt séparément pour faire découvrir des goûts différents. L'apprentissage passe par la variété : goûts simples, goûts mélangés, mais aussi variété des textures…

Compotée de fraises à la rhubarbe

Dès 8 mois

Ingrédients : *150 g de fraises ; 50 g de rhubarbe ; 1 c. à c. de sucre.*

- Lavez et équeutez les fraises, coupez-les en morceaux.
- Lavez la rhubarbe, taillez-la en petits tronçons.
- Placez les fraises et la rhubarbe dans une casserole, versez 10 cl d'eau et saupoudrez avec le sucre. Laissez cuire 20 minutes à petit feu en couvrant.
- Mixez légèrement la compotée, servez dans un ramequin accompagné d'un biscuit (sablé, petit-beurre…).

Mon conseil

Comme pour tous les desserts uniquement à base de fruits, accompagnez cette compote d'un laitage ou d'un petit biberon de lait… Sauf si le plat principal contient déjà un apport lacté (lait ou fromage).

Quenelles de chèvre à la framboise

Dès 8 mois

Ingrédients : *20 à 30 g de chèvre frais ; 50 g de framboises ; 1 c. à c. de sucre en poudre ; quelques feuilles de menthe fraîche.*

- Lavez les framboises soigneusement. Passez-les dans une casserole à feu moyen avec le sucre et 2 c. à s. d'eau. Laissez-les compoter 5 minutes à feu moyen. Passez-les au chinois pour retirer les grains.
- Lavez et ciselez les feuilles de menthe.
- Écrasez le fromage de chèvre à l'aide d'une fourchette et incorporez la menthe.
- À l'aide de deux petites cuillères, formez des quenelles que vous présenterez sur une petite assiette, recouvertes de coulis de framboises.

Mon conseil

Ici, le chèvre frais remplace le laitage… Attention donc à ne pas donner une autre portion de fromage ou de lait dans le plat.

Smoothie pomme, poire et miel

Dès 12 mois

Ingrédients : *½ pomme ; ½ poire ; 150 ml de lait ; 1 c. à c. de miel.*

- Épluchez et épépinez la pomme et la poire.
- Faites-les fondre en compotée à feu très doux, dans une casserole couverte.
- Mixez-les avec le miel et le lait, puis versez le smoothie dans un biberon.

Mes conseils

Si vous voulez proposer cette recette à votre pitchoun qui n'a pas encore 1 an, ne mettez pas le miel dans ce cas.

Vous pouvez aussi servir cette compotée à la cuillère, sans la mixer, mélangée avec un yaourt et du miel. Un goûter complet et délicieux !

Des légumes mélangés pour découvrir

Bébé grandit, et il semble évident que les aliments liquides ne lui suffisent plus. Il a déjà découvert de nouveaux goûts, grâce aux bouillons, aux soupes, aux smoothies et à ses toutes premières compotes – que vous lui avez concoctés avec soin –, mais il est temps de passer à une alimentation un peu plus solide.

Les goûts changent également : vous avez commencé par lui proposer les légumes individuellement, il est maintenant temps d'aller progressivement vers des mélanges, pour lui faire découvrir une multitude de goûts.

Les purées lisses du début, en petites quantités, lui ont fait découvrir la cuillère. Au fil des semaines, ces purées vont devenir granuleuses jusqu'à ce qu'apparaissent les premiers petits morceaux. Mais c'est bien Bébé qui, à chaque fois, décidera s'il est prêt… ou non à passer à l'étape suivante !

Chaque enfant ayant son rythme, certains accepteront les petits morceaux rapidement quand d'autres auront besoin de plusieurs mois pour les apprivoiser (et surtout apprendre à ne pas les avaler tout rond).

Mastiquer... c'est jouer !

La mastication n'est pas innée ! Apprenez-la à Bébé. Montrez-lui comment faire ces petits mouvements de la bouche, en exagérant le mouvement, pour l'inciter à mâcher ses premiers morceaux. Dans un premier temps, il aura tendance à avaler tout rond (ce qui n'est évidemment pas bon), mais par mimétisme, et même par jeu, il apprendra à bien se servir de ses (premières) dents.

Ce n'est qu'à ce moment-là que vous pourrez réellement changer les textures et qu'il commencera à pouvoir manger presque comme un grand !

Osez, osez... petit à petit !

Osez les mélanges – fines herbes, fromage, salé sucré... – autant d'aliments que l'on peut ajouter peu à peu dans ses purées pour lui faire découvrir une multitude de nouveaux goûts...

Légumes mélangés

Purée de carottes au pistou

Dès 4 mois

Ingrédients : *200 g de carottes (2 moyennes) ; 150 ml d'eau (ou bouillon de légumes) ; 1 noix de beurre ; ½ c. à c. de pistou du commerce.*

- Épluchez les carottes. Coupez-les en fines rondelles, mettez-les dans une poêle et couvrez-les d'eau ou de bouillon de légumes. Laissez cuire à couvert.
- Lorsque les carottes sont tendres, ajoutez le pistou et stoppez la cuisson.
- Mixez puis servez la purée dans une assiette creuse après avoir ajouté une noix de beurre.

Mon conseil

Pour faire découvrir le pistou, commencez par juste le déposer dans un petit puit au cœur de la purée… On fait découvrir les saveurs mais aussi les couleurs !

Purée de haricots verts à la pointe de tomates

Dès 4 mois

Ingrédients : *200 g de haricots verts extrafins frais ou surgelés ; 30 g de concentré de tomates ; 1 c. à s. de crème fraîche ; quelques feuilles de coriandre.*

- Dans une casserole d'eau bouillante, faites cuire les haricots verts 15 minutes environ. Mixez-les en purée. Mélangez partiellement avec la crème fraîche (en laissant visibles quelques traits de crème).
- Faites chauffer le concentré de tomates avec 1 c. à s. d'eau. Ajoutez les feuilles de coriandre ciselées.
- Présentez la purée de haricots verts dans une assiette creuse, faites un puits dans lequel vous versez le coulis de tomates. Servez.

Mon conseil

Pour les plus grands, cette purée sera idéalement accompagnée de miettes de poisson (30 g), à partir de 8 mois.

Crème d'asperges à la ciboulette

Dès 4 mois

Ingrédients : *200 g de pointes d'asperges blanches ; 1 c. à s. de crème fleurette ; 3 brins de ciboulette.*

- Nettoyez les pointes des asperges. Coupez-les en tronçons et faites-les cuire 10 minutes à la vapeur. Ajoutez la crème fraîche et mixez. Ciselez finement la ciboulette.
- Versez la crème d'asperges dans une assiette creuse, ajoutez la ciboulette lavée et ciselée et servez.

Mon conseil

Pensez à égayer ses repas : un plat un peu trop "blanc" sera idéalement accompagné d'un yaourt aux fruits et d'une compote de fruits rouges (pommes-myrtille, par exemple).

Purée de courgettes citronnée

Dès 4 mois

Ingrédients : *200 g de courgette (1 moyenne) ; 1 c. à c. d'huile d'olive ; 1 c. à c. de jus de citron.*

- Lavez la courgette, coupez-la en deux et retirez les pépins à l'aide d'une cuillère. Coupez-la en dés.
- Faites-la cuire 15 minutes à la vapeur, mixez-la puis ajoutez le jus de citron et l'huile d'olive. Versez dans une assiette creuse et servez.

Mes conseils

Pour plus d'onctuosité, ajoutez un ou deux petits morceaux de pomme de terre avant la cuisson.

Pour les plus grands qui commencent à manger des petits morceaux, cette recette sera idéale accompagnée de petites pâtes.

Purée orange

Dès 4 mois

Ingrédients : *100 g de potiron ; 100 g de carotte (1 moyenne) ; 1 c. à s. rase de crème fraîche ; 2 brins de ciboulette.*

- Retirez l'écorce, les pépins et les fibres du potiron, coupez-le en dés. Épluchez la carotte, coupez-la en rondelles. Mettez les légumes dans une casserole d'eau bouillante et laissez cuire 25 minutes à feu modéré.
- Lorsque les légumes sont tendres, égouttez-les puis mixez-les. Ajoutez la crème fraîche, mélangez et versez dans une assiette creuse. Décorez avec la ciboulette finement ciselée.

Mon conseil

J'aime varier les couleurs au cours d'un repas… mais il est tout aussi rigolo de faire des repas à thème…

Avec cette purée, vers 8 mois, on accompagne d'un œuf coque, d'une compote de pêche et d'un morceau de mimolette… pour un repas tout orange !

Purée jaune

Dès 4 mois

Ingrédients : *150 g de haricots beurre ; 1 petite pomme de terre ; 1 c. à c. d'huile d'olive ; 1 pincée de muscade en poudre.*

- Lavez, équeutez et retirez les fils des haricots.
- Épluchez et lavez la pomme de terre. Coupez-la en dés.
- Faites cuire les légumes 25 minutes dans le panier vapeur. Mixez, ajoutez l'huile d'olive et la muscade. Versez dans une assiette creuse et servez.

Mon conseil

Avec l'apport de la pomme de terre, cette purée est suffisamment nourrissante. Complétez-la tout simplement avec un petit-suisse et un peu de compote.

PURÉE DE TOPINAMBOURS

Dès 4 mois

Ingrédients : *150 g de topinambours (2 moyens) ; 50 g de pomme de terre (1 petite) ; 2 c. à s. de jus de citron ; 1 c. à s. de crème fraîche ; poivre du moulin ; quelques feuilles de coriandre fraîche.*

- Épluchez et lavez les topinambours et la pomme de terre.
- Dans une casserole, mettez à bouillir de l'eau avec le jus de citron, et plongez les légumes dans l'eau frémissante. Laissez cuire 20 minutes. Égouttez-les puis passez-les au mixeur pour obtenir une purée lisse. On peut également les écraser à la fourchette pour obtenir une texture plus grumeleuse, voire même conserver de petits morceaux en fonction de l'âge et de la dentition du bébé.
- Ajoutez la crème fraîche, la coriandre ciselée et le poivre, versez dans une assiette creuse et servez.

La pomme de terre, l'alliée des purées !

La pomme de terre permet d'adoucir et de lier cette purée. Par ailleurs, elle permettra d'apporter des sucres lents, énergie indispensable à la croissance de Bébé.

Purée de carotte et topinambour

Dès 4 mois

Ingrédients : *100 g de topinambour (1 moyen) ; 50 g de carotte (1 petite) ; 50 g de pomme de terre (1 petite) ; 1 c. à s. de crème fraîche ; poivre du moulin ; quelques feuilles d'estragon.*

- Épluchez et lavez le topinambour, la carotte et la pomme de terre. Coupez-les en morceaux.
- Faites-les cuire 15 minutes à la vapeur. Passez-les au mixeur sans trop insister pour garder une texture grumeleuse et éviter que la pomme de terre ne « colle ». Ajoutez la crème fraîche et l'estragon ciselé, donnez un tour de moulin à poivre. Servez dans une assiette creuse.

RIZ À L'AVOCAT

Dès 4 mois

Ingrédients : *30 g de riz basmati ; ½ avocat bien mûr ; ½ banane bien mûre ; cardamome (un tour de moulin).*

- Faites cuire le riz 15 minutes dans de l'eau bouillante. Il doit être bien tendre. Égouttez-le et laissez-le refroidir.
- Épluchez l'avocat et la banane, écrasez-les ensemble. Mélangez-les au riz, ajoutez un tour de moulin de cardamome et servez frais dans une assiette creuse.

Le saviez-vous ?

L'avocat est une source d'acides gras mono-insaturés, de fibres, minéraux et vitamines. Idéal pour se revigorer pendant l'hiver !

Mon conseil

Cette recette est complète, à associer uniquement avec quelques miettes de poisson comme du cabillaud et un yaourt… Inutile de rajouter un fruit !

PURÉE DE CAROTTES AU JUS D'ORANGE ET AU CUMIN

Dès 4/5 mois

Ingrédients : *150 g de carottes (2 petites carottes) ; 1 orange pressée ; 5 g de beurre ; 50 ml de lait ; 1 pincée de cumin en poudre.*

- Épluchez, lavez et coupez les carottes en rondelles fines. Pressez le jus d'une orange.
- Dans une casserole, mettez les carottes à cuire avec le jus d'orange et de l'eau de manière à couvrir les carottes. Laissez cuire 40 minutes à feu doux.
- Vérifiez la cuisson des carottes à l'aide d'un couteau, elles doivent être bien tendres. Mixez-les avec la moitié du jus de cuisson (conservez l'autre partie du jus pour ajuster la texture, à la fin).
- Ajoutez le lait et le beurre, le cumin. Versez dans une assiette creuse, saupoudrez de quelques feuilles d'estragon ciselées et servez.

Mon conseil

Pour utiliser le reste de jus de cuisson, versez-le dans une casserole avec le jus d'une autre orange et 10 g de beurre. Faites réduire. Servez cette sauce en accompagnement de la purée.

Purée de carottes au lait de coco

Dès 6 mois

Ingrédients : *150 g de carottes nouvelles (3 petites) ; 20 ml de lait de coco ; 1 c. à c. de fécule de pomme de terre ; 1 pincée de cumin en poudre.*

- Épluchez les carottes et coupez-les en rondelles. Immergez-les dans une casserole d'eau portée à ébullition et laissez cuire 20 minutes, elles doivent être tendres. Mixez-les.
- Délayez la fécule de pomme de terre avec un peu de lait de coco, ajoutez-la à la purée de carottes, puis versez le reste de lait de coco.
- Assaisonnez avec le cumin, versez dans une assiette creuse et servez.

Mon conseil

En cas d'intolérance au gluten, la fécule de pomme de terre remplace parfaitement la farine de blé pour mieux lier les purées… Si vous n'en avez pas, vous pouvez également utiliser de la Maïzena.

PURÉE DE BROCOLI

Dès 6 mois

Ingrédients : *200 g de fleurs de brocoli ; 1 petite échalote ; 1 c. à s. de crème fraîche.*

- Lavez et détachez les fleurs de brocoli. Pelez et émincez finement l'échalote.
- Faites cuire 15 minutes à la vapeur les fleurs de brocoli et l'échalote.
- Mixez, ajoutez la crème fraîche, versez dans une assiette creuse et servez.

Mon conseil

Pour moins de monotonie, pensez à alterner les couleurs des purées d'un jour à l'autre… Un reste de purée orange (de carotte !) à côté d'une petite purée verte (de brocoli !) et le repas devient un jeu pour découvrir les couleurs !

Purée de chou-fleur

Dès 6 mois

Ingrédients : *200 g de fleurs de chou-fleur ; 1 c. à s. de crème fraîche ; 1 pincée de noix de muscade ; 1 branche de persil plat.*

- Détaillez et lavez les fleurs de chou-fleur. Faites-les cuire 20 minutes dans un panier vapeur.
- Ajoutez les feuilles de persil et mixez. Ajoutez la crème. Versez dans une assiette creuse, vérifiez la température et servez.

Mon conseil

Pour les plus grands : parsemez d'emmental râpé et faites légèrement gratiner au four.

Purée de chou-fleur au chèvre

Dès 6 mois

Ingrédients : *200 g de fleurs de chou-fleur ; 20 g de fromage de chèvre frais ; 1 c. à c. de crème fraîche ; graines de coriandre en moulin.*

- Détaillez et lavez les fleurs de chou-fleur. Faites-les cuire 20 minutes dans un panier vapeur.
- Donnez un tour de moulin de graines de coriandre et mixez. Ajoutez la crème.
- Versez dans une assiette creuse, parsemez de fromage de chèvre écrasé. Vérifiez la température et servez.

Mon conseil

Il faut adapter la présentation du fromage de chèvre à l'âge. Ainsi, pour les plus grands, on se contentera de le couper en petits morceaux.

PURÉE DE PANAIS ET TOPINAMBOUR

Dès 6 mois

Ingrédients : *100 g de panais ; 100 g de topinambour ; ½ gousse d'ail ; 1 noix de beurre ; mélange aux 5 baies en moulin.*

- Épluchez et lavez les légumes, coupez-les en dés et placez-les dans un panier vapeur.
- Ajoutez la ½ gousse d'ail épluchée et pressée.
- Faites cuire pendant 25 minutes, puis passez le tout au presse-purée.
- Ajoutez le beurre dans la purée et donnez un tour de moulin du mélange aux 5 baies. Mélangez bien le tout et servez.

Mon conseil

À partir de 8 mois, accompagnez cette purée avec un peu de blanc de dinde et de gruyère râpé puis faites gratiner 5 minutes… C'est délicieux !

PURÉE D'ARTICHAUTS ET AUBERGINE

Dès 6 mois

Ingrédients : *2 fonds d'artichauts surgelés ; 100 g d'aubergine (½ moyenne) ; 1 noix de beurre ; 10 ml de lait ; le jus d'½ citron.*

- Coupez les fonds d'artichauts. Épluchez l'aubergine.
- Déposez les légumes dans le panier vapeur et arrosez-les de jus de citron. Faites-les cuire 20 minutes à la vapeur.
- Passez-les au mixeur. Ajoutez le beurre et le lait. Servez dans une assiette creuse.

Un peu de couleur !

À partir de 8 mois, pour donner un peu de "pep's" à la couleur fade de l'aubergine, accompagnez cette purée de quelques miettes de saumon cuit.

PURÉE DE BLETTE À LA POMME DE TERRE

Dès 6 mois

Ingrédients : *150 g de feuilles de blette ; 100 g de pomme de terre (1 belle) ; 1 c. à s. de crème fraîche.*

- Épluchez et lavez la pomme de terre et les feuilles de blette en prenant soin de bien retirer les fils de ces dernières.
- Coupez la pomme de terre en dés et les feuilles de blette en tronçons puis faites-les cuire 30 minutes dans le panier vapeur.
- Mixez, puis ajoutez la crème fraîche. Versez dans une assiette creuse et servez.

Mon conseil

Vers 12 mois, lorsque votre bébé appréciera les morceaux, écrasez la pomme de terre en purée, mélangez-la avec du jambon mixé. Formez des boulettes et entourez-les des feuilles de blette cuites.

PURÉE D'AUBERGINES ET TOMATE

Dès 6 mois

Ingrédients : *100 g d'aubergines ; 1 tomate ; ½ gousse d'ail ; 1 c. à c. d'huile d'olive ; 1 c. à s. de jus de citron ; quelques feuilles de basilic ; poivre du moulin.*

- Épluchez et égrainez les aubergines, coupez-les en dés et arrosez-les du jus de citron. Laissez reposer 20 minutes environ sur un papier absorbant.
- Plongez la tomate quelques secondes dans de l'eau bouillante, laissez-la refroidir puis retirez la peau et les pépins, et coupez-la en dés. Hachez la gousse d'ail finement ou écrasez-la au presse-ail.
- Faites cuire 10 minutes à la vapeur l'aubergine, les dés de tomate et l'ail. Mixez. Ajoutez l'huile d'olive, les feuilles de basilic ciselées et servez frais.

Miam miam !

Tartinez cette purée d'aubergine sur des tranchettes de baguette grillées que votre enfant pourra déguster seul… à partir de 18 mois !

PURÉE D'ARTICHAUTS

Dès 6 mois

Ingrédients : *150 g de fonds d'artichauts surgelés ; 2 c. à s. de jus de citron ; 1 c. à s. de crème fraîche ; poivre du moulin.*

- Dans une casserole, faites bouillir de l'eau avec le jus de citron, plongez-y les fonds d'artichauts et laissez bouillotter 20 minutes. Égouttez-les puis passez-les au mixeur pour obtenir une purée lisse. Ajoutez la crème fraîche et le poivre, versez dans une assiette creuse et servez.

Mon conseil

Pour obtenir une purée un peu plus épaisse, ajoutez une petite pomme de terre dans la casserole et écrasez-la séparément à la fourchette avant de la mélanger à la purée.

Purée verte au parmesan et son coulis de tomates

Dès 6 mois

Ingrédients pour la purée : *150 g de courgette (1 moyenne) ; ½ gousse d'ail ; 1 brin de basilic ; 1 c. à s. de parmesan râpé ; 1 c. à c. d'huile d'olive ; mélange aux 5 baies en moulin.* **Pour le coulis :** *100 g de pulpe de tomates (avec 1 c. à s. de jus) ; 30 g de concentré de tomates (½ boîte) ; 1 c. à c. de vinaigre balsamique ; 1 c. à c. d'huile d'olive ; 1 brin de basilic.*

- Lavez la courgette, coupez-la en deux pour retirer les pépins à l'aide d'une cuillère puis coupez-la en dés. Faites cuire 10 minutes à la vapeur.
- Pendant ce temps, pelez l'ail et pressez-le. Passez les dés de courgette et l'ail au mixeur avec les feuilles de basilic, le parmesan, l'huile d'olive, jusqu'à l'obtention d'une purée lisse, et donnez un tour de moulin du mélange aux 5 baies. Réservez au frais dans une assiette creuse couverte.
- Préparez le coulis de tomates : mixez la pulpe de tomates avec le concentré de tomates, le basilic, l'huile d'olive et le vinaigre balsamique.
- Décorez la purée de courgette fraîche avec le coulis selon votre inspiration… et votre dextérité : sourire, fleur, soleil… Servez frais.

Purée de betterave

Dès 6 mois

Ingrédients : *100 g de betterave rouge cuite (1 petite) ; 100 g de pomme de terre (1 moyenne) ; 1 c. à s. de crème fraîche ; 1 pincée de muscade ; 1 brin de persil ; poivre du moulin.*

- Épluchez et lavez la pomme de terre. Faites-la cuire 15 minutes à la vapeur. Ajoutez la betterave cuite coupée en dés et passez le tout au moulin à légumes.
- Ajoutez la crème fraîche, assaisonnez avec la muscade, le persil ciselé et 1 pincée de poivre. Servez tiède.

Mon conseil

Cette purée est parfaite pour faire découvrir la betterave. Vers 10-12 mois, pensez à la servir en dés, sans la mixer et proposez-la en entrée pour compléter un repas.

Verrine tricolore aux légumes oubliés

Dès 6 mois

Ingrédients : *100 g de pomme de terre vitelotte ; 100 g de topinambour (1 moyen) ; 100 g de patate douce ; 3 petites noisettes de beurre ; 1 feuille d'estragon.*

- Épluchez et lavez les légumes. Coupez-les grossièrement. Plongez-les dans une grande casserole d'eau et faites-les cuire 25 minutes à feu moyen. Égouttez-les. Placez-les dans une assiette creuse et passez-les individuellement au presse-purée. Réservez les purées dans des assiettes séparées.
- Ajoutez dans chaque purée 1 noisette de beurre. Remplissez une verrine en commençant par la purée de topinambour, puis celle de patate douce et terminez par celle de pomme de terre. Décorez avec l'estragon ciselé et servez.

Mon conseil

Même si cela n'est pas obligatoire, l'apport de sucres lents le soir favorise l'endormissement et un sommeil plus calme chez les enfants… à bon entendeur !

Purée rose

Dès 6 mois

Ingrédients : *50 g de radis roses ; 50 g de betterave rouge cuite (½ petite) ; 100 g de pomme de terre (1 moyenne) ; 1 c. à s. de crème fraîche.*

- Lavez et équeutez les radis. Coupez-les en deux. Épluchez et coupez la betterave en dés. Épluchez et lavez la pomme de terre, coupez-la également en dés.
- Faites cuire les radis et la pomme de terre 20 minutes dans un panier vapeur. Ajoutez la betterave, passez le tout au mixeur jusqu'à ce que la texture soit homogène. Ajoutez la crème fraîche, versez dans une assiette creuse et servez.

Mon conseil

Vers 10-12 mois, transformez cette recette en entrée… simplement en supprimant la pomme de terre et en la complétant d'un plat complet.

Ratatouille
à la patate douce

Dès 6 mois

Ingrédients : *1 petite tomate olivette ; 40 g de courgette ; 40 g de poivron ; 1 petit oignon ; 40 g d'aubergine ; 40 g de patate douce ; ½ gousse d'ail ; 1 branche de thym ; 1 c. à c. d'huile d'olive.*

- Lavez le poivron et passez-le sous le gril du four, puis retirez la peau. Passez la tomate à l'eau bouillante pour enlever plus facilement la peau.
- Lavez la courgette, épluchez et lavez l'aubergine et la patate douce. Épluchez et émincez l'oignon. Pressez l'ail. Poêlez l'oignon et l'ail à l'huile d'olive pour les faire légèrement dorer. Ajoutez petit à petit les autres légumes et la branche de thym. Réduisez le feu et laissez cuire à feu très doux 30 minutes.
- Retirez le thym avant de servir, tel quel ou en purée plus ou moins lisse, selon les progrès de Bébé… mais dans tous les cas, une recette à faire en grand pour déguster en famille !

Mon conseil

Pensez à utiliser la patate douce car son petit goût sucré est idéal pour adoucir bon nombre de préparations !

Purée d'épinards au quinoa

Dès 8 mois

Ingrédients : *150 g d'épinards en branches ; 30 g de quinoa ; 1 petit oignon blanc ; 2 pincées de noix de muscade ; 1 c. à c. d'huile d'olive.*

- Lavez les feuilles d'épinards. Épluchez et émincez l'oignon. Faites-les cuire 10 minutes dans un panier vapeur.
- Dans une casserole, faites cuire le quinoa 10 minutes dans deux fois son volume d'eau.
- Faites revenir quelques minutes les épinards et l'oignon dans l'huile d'olive, dans une poêle chaude. Mixez-les en purée lisse, ajoutez la noix de muscade. Servez dans une assiette creuse, accompagné de quinoa.

Mon conseil

Souvent oublié, le quinoa permet un apport original de sucres lents et donne une texture grumeleuse avant les premiers morceaux de pitchoun.

Purée cressonnière

Dès 8 mois

Ingrédients : *150 g de pomme de terre (1 belle moyenne) ; ¼ de botte de cresson ; 10 g de beurre ; mélange aux 5 baies en moulin ; le jus d'½ citron.*

- Épluchez et lavez la pomme de terre, coupez-la en dés. Faites-la cuire 15 minutes dans une casserole d'eau bouillante . Lorsqu'ils sont bien tendres, passez-les au presse-purée.
- Ajoutez la moitié du beurre et remettez la purée quelques minutes dans une casserole à feu doux en remuant vivement afin de l'homogénéiser.
- Lavez soigneusement les feuilles de cresson, équeutez les tiges, puis passez-les rapidement dans une casserole avec le reste du beurre et le jus de citron pour les faire suer. Mixez.
- Mélangez-les tout de suite à la purée de pomme de terre, assaisonnez en donnant un tour de moulin du mélange aux 5 baies, versez dans une assiette creuse et servez.

Purée de céleri-rave et carotte

Dès 8 mois

Ingrédients : *150 g de céleri-rave ; 50 g de carotte (1 petite) ; 5 g de beurre.*

- Épluchez et lavez le céleri et la carotte. Coupez-les en petits morceaux.
- Faites-les cuire 15 minutes dans le panier vapeur. Mixez-les et rajoutez de l'eau de cuisson si nécessaire. Beurrez et servez dans une assiette creuse.

Mon conseil

Le goût du céleri étant assez marqué, la carotte va l'adoucir et aider votre bébé à mieux l'apprécier. Si malgré tout il a du mal, variez les proportions en commençant par 100 g de céleri pour 100 g de carotte.

Purée de poivron, d'aubergine et de tomate

Dès 8 mois

Ingrédients : *½ aubergine ; ½ poivron rouge ; 1 tomate pelée et concassée ; 1 c. à c. d'huile d'olive ; 1 c. à c. de vinaigre balsamique ; mélange aux 5 baies en moulin.*

- Lavez l'aubergine et le poivron sans les éplucher, coupez-les en deux dans le sens de la longueur, posez-les sur un plat allant au four, la peau vers le haut, enfournez 10 minutes environ. Lorsque la chair est molle, retirez-les du four et grattez l'aubergine et le poivron côté chair à l'aide d'une fourchette.
- Ajoutez l'huile, la tomate, le vinaigre balsamique, donnez un tour de moulin du mélange aux 5 baies et mixez. Dressez dans une assiette creuse et servez chaud ou frais, selon les goûts et les envies.

PURÉE DE FLEURS DE BROCOLI AU CUMIN

Dès 8 mois

Ingrédients : *100 g de pomme de terre (1 moyenne) ; 100 g de fleurs de brocoli ; 1 c. à s. de crème fraîche ; 2 pincées de cumin ; mélange aux 5 baies en moulin.*

- Épluchez et lavez la pomme de terre. Faites-la cuire 10 minutes à la vapeur.
- Pendant ce temps, lavez les fleurs de brocoli à l'eau vinaigrée, rincez-les et égouttez-les. Ajoutez-les aux pommes de terre et prolongez la cuisson vapeur de 10 minutes.
- Placez la pomme de terre et les fleurs de brocoli dans un moulin à légumes, et réduisez-les en une purée lisse. Ajoutez la crème, le cumin, donnez un tour de moulin du mélange aux 5 baies et servez dans une assiette creuse.

Mes conseils

Pour obtenir plus d'onctuosité, passez cette purée quelques instants dans une casserole à feu doux.

Jusqu'à 12-18 mois, l'apport d'un féculent par jour reste suffisant. Un petit morceau de pain frais pour croquer complètera parfaitement ses besoins en sucres lents.

DEUX FLEURS EN PURÉE AU ROQUEFORT

Dès 8 mois

Ingrédients : *100 g de fleurs de chou-fleur ; 100 g de fleurs de brocoli ; 20 g de roquefort ; 1 c. à s de crème fleurette ; 1 c. à c. de vinaigre balsamique ; 1 c. à s. d'amandes effilées ; 2 brins de ciboulette ciselée.*

- Lavez le chou-fleur et le brocoli. Faites-les cuire ensemble 10 minutes à la vapeur. Mixez-les pour obtenir une purée lisse.
- Faites chauffer la crème doucement puis ajoutez le roquefort en remuant pour le faire fondre et obtenir une crème lisse. Ajoutez la ciboulette ciselée.
- Présentez la purée de choux dans une assiette creuse, creusez un puits et versez-y la crème de roquefort.

Mes conseils

Le roquefort est un fromage à goût fort très souvent apprécié des petits gourmets, mais pour autant, si Bébé ne l'apprécie pas, remplacez-le par un fromage à pâte molle, comme du chèvre ou du reblochon.

Attention ! La fabrication du roquefort nécessitant de la farine, il fait partie des aliments interdits en cas d'intolérance au gluten.

Purée de patate douce et champignons

Dès 8 mois

Ingrédients : *150 g de patate douce (½ moyenne) ; 50 g de champignons de Paris ; ¼ d'oignon blanc ; 1 c. à c. d'huile d'olive ; 1 pincée de muscade.*

- Épluchez et lavez la patate douce, coupez-la en morceaux puis faites-la cuire 15 minutes dans une casserole d'eau bouillante jusqu'à ce qu'elle soit tendre.
- Pendant ce temps, épluchez l'oignon, lavez et coupez les champignons, émincez le tout. Faites revenir l'oignon et les champignons dans une poêle avec l'huile d'olive, à feu doux, et faites-les légèrement dorer.
- Mixez le mélange oignon/champignon. Passez la patate douce au presse-purée et assaisonnez-la avec la muscade.
- Présentez la purée de patate douce dans une assiette creuse, faites un puits au centre dans lequel vous déposerez la purée de champignons. Servez.

DUXELLES DE CHAMPIGNONS ET PURÉE DE POMMES DE TERRE

Dès 8 mois

Ingrédients : *100 g de champignons de Paris ; ½ échalote ; 150 g de pomme de terre (1 belle) ; 10 g de beurre ; 1 c. à c. de citron ; mélange aux 5 baies.*

- Ciselez les échalotes très finement et faites-les suer avec la moitié du beurre.
- Lavez et mixez finement les champignons puis ajoutez-les aux échalotes, donnez un tour de moulin du mélange aux 5 baies et cuisez à feu soutenu pour éliminer l'eau.
- Pendant ce temps, épluchez et lavez la pomme de terre, coupez-la en dés et faites-la cuire 20 minutes à l'eau bouillante. Passez-la au presse-purée et ajoutez le reste de beurre.
- Ajoutez le jus de citron pour éclaircir la duxelles. Mélangez la duxelles à la purée et servez dans une assiette creuse.

LENTILLES CORAIL AU CURRY

Dès 12 mois

Ingrédients : *30 g de lentilles corail ; 50 g de carotte (1 toute petite) ; 50 g de tomate (1 toute petite) ; ½ échalote ; ½ gousse d'ail ; ½ c. à c de curry en poudre ; 1 verre de bouillon de légumes ; 1 c. à c. d'huile ; 1 pincée de curcuma.*

- Épluchez et lavez la carotte, coupez-la en rondelles. Pelez l'ail et passez-le au presse-ail. Pelez et ciselez finement l'échalote. Dans une sauteuse, faites chauffer l'huile et faites-y revenir l'échalote, l'ail et les épices, puis ajoutez les rondelles de carotte.
- Lavez et coupez la tomate en dés, ajoutez-la dans la sauteuse.
- Rincez les lentilles et ajoutez-les avec 1 verre de bouillon de légumes.
- Laissez mijoter environ 20 minutes en ajoutant de l'eau en cours de cuisson si nécessaire. Vérifiez la cuisson des lentilles. Mixez le tout puis servez dans une assiette creuse.

Houmous de haricots blancs

Dès 12 mois

Ingrédients : *50 g de haricots blancs précuits ; ½ gousse d'ail ; le jus d'½ citron ; 1 c. à c. d'huile d'olive ; poivre du moulin ; 1 brin de coriandre ; ½ c. à c. de cumin ; 50 g de carotte (1 petite).*

- Rincez les haricots blancs et faites-les cuire dans de l'eau. Une fois qu'ils sont refroidis, ôtez leur peau.
- Placez-les dans le bol du mixeur avec l'ail pelé, le jus de citron, l'huile d'olive, 1 pincée de poivre et le cumin, et mixez finement en ajoutant un peu d'eau pour obtenir une purée lisse.
- Ciselez la coriandre et ajoutez-la. Servez le houmous frais dans une assiette creuse, accompagné de fins bâtonnets de carotte crue.

Le citron, riche en vitamine C !

Besoin de vitamine C ? Le jus de citron est une source à ne pas négliger ! Et le goût sucré de la carotte aidera à diminuer l'acidité du citron.

Purée d'Halloween

Dès 12 mois

Ingrédients : *100 g de potiron ; 100 g de pomme de terre (1 belle) ; quelques tagliatelles à l'encre de seiche (pour la décoration) ; 1 c. à s. de crème fraîche.*

- Retirez l'écorce, les fibres et les pépins du potiron. Épluchez et lavez la pomme de terre. Coupez les légumes en dés et placez-les dans le panier vapeur. Faites-les cuire 20 minutes.
- Pendant ce temps, faites cuire des tagliatelles (faites en cuire pour le reste de la famille, et réservez-en 1 ou 2 pour le plat de Junior !).
- Mixez le potiron et la pomme de terre, ajoutez la crème fraîche, présentez la purée dans une assiette creuse et formez, avec les tagliatelles réservées, un décor rigolo. Servez.

Mon conseil

Cette purée est assez riche. Proposez juste quelques dés de tomate en entrée et un fruit (ou compote) en dessert, afin de compléter en fibres.

PETIT POT VERT ET ROSE

Dès 12 mois

Ingrédients : *100 g de fèves pelées ; 100 g de petits pois ; ¼ d'oignon blanc ; 1 c. à c. de crème ; 1 c. à c. d'huile d'olive ; ½ tranche de jambon blanc découenné ; quelques brins de ciboulette.*

- Pelez et émincez l'oignon. Faites cuire 20 minutes à la vapeur les fèves, les petits pois et l'oignon.
- Une fois cuits, mixez-les, après avoir mis de côté quelques petits pois pour la déco. Ajoutez la crème et l'huile d'olive. Versez dans une assiette creuse. Mixez finement le jambon puis déposez-le au centre de la purée, décorez avec le reste des petits pois et la ciboulette finement ciselée. Servez.

Les petits plats complets

Huit mois ! La diversification est bien lancée et les repas solides de Bébé commencent à prendre beaucoup de place. En dehors du biberon du matin, il est fréquent, à cet âge, de trouver des repas à donner à la cuillère au déjeuner, au goûter et au dîner… surtout que Bébé a déjà fait de gros progrès pour ouvrir grand la bouche à l'approche de la cuillère !

Il est temps d'inclure les protéines : viandes maigres, poissons blancs (surtout les premiers temps), œufs, tofu… Encore des goûts nouveaux à découvrir, mais surtout des apports protéiques dont il commence à avoir bien besoin ! Sans pour autant exagérer…

Si les quantités vous paraissent minimes au début, il ne faut malgré tout pas les dépasser. Il est bien sûr difficile de demander 20 g de filet de cabillaud à son poissonnier ou 30 g de filet mignon à votre boucher, mais vous pouvez choisir l'option « je portionne au congélo » (à condition que ce ne soit pas déjà décongelé !). Comme je vous l'ai déjà dit, vous augmenterez les portions progressivement, afin de ne pas surcharger l'organisme, et notamment les reins de Bébé. Rappelez-vous qu'il ne sera pas plus fort et ne grandira pas plus vite si vous le bourrez de protéines.

Choisissez des produits très frais, bien cuits et bien moulinés. Le morceau de steak, ce n'est pas pour tout de suite, quant aux coquillages et aux crustacés – soyez vigilant sur la provenance et la qualité – vous ne les donnerez pas avant 18 mois.

Dans tous les cas, la proportion de légumes et de féculents restera la plus importante (ce qui est d'ailleurs valable pour les adultes), afin de garder un bon équilibre alimentaire.

Petits plats complets

Filet mignon au caviar d'aubergine

Dès 8 mois

Ingrédients : *1 belle aubergine ; 30 g de filet mignon en tranches; 1 gousse d'ail ; 1 tige de basilic ; 1 c. à s. jus de citron ; 1 c. à s. d'huile d'olive ; mélange aux 5 baies en moulin.*

- Préchauffez le four à 240 °C (th. 8).
- Lavez l'aubergine sans l'éplucher, coupez-la en deux dans le sens de la longueur, posez-la sur un plat allant au four, la peau vers le haut, faites cuire 10 minutes environ. Lorsque la chair est molle, retirez l'aubergine du four et grattez la chair à l'aide d'une fourchette.
- Dans une poêle, faites revenir à feu vif un petit médaillon de filet mignon avec 1 c. à c. d'huile d'olive puis couvrez et laissez cuire à feu doux pour parfaire la cuisson à cœur.
- Mixez la chair de l'aubergine avec l'huile d'olive restante, le jus de citron, l'ail, le basilic, donnez un tour de moulin du mélange aux 5 baies. À l'aide de 2 cuillères, confectionnez de petites quenelles et réservez au chaud.
- Pour les plus petits : mixez le filet mignon avec l'aubergine et servez la purée telle que. Pour les plus grands (en fonction de la dentition) : mixez à part le filet mignon ou coupez-le en tout petits morceaux pour accompagner les quenelles.

Parmentier de poulet à la carotte

Dès 8 mois

Ingrédients : *50 g de pomme de terre (1 petite) ; 100 g de carotte (1 moyenne) ; ½ oignon nouveau ; 10 ml de lait ; 20 g de blanc de poulet ; 1 brin de thym.*

- Épluchez et lavez la carotte et la pomme de terre, coupez-les en dés et faites-les cuire 20 minutes à la vapeur avec l'oignon, le thym et le blanc de poulet.
- Retirez le brin de thym. Passez les légumes au moulin avec le lait. Mixez le blanc de poulet (ou hachez-le plutôt, pour les enfants plus grands).
- Déposez la purée dans une assiette creuse, ajoutez au centre le blanc de poulet sans le mélanger. Servez.

Mon conseil

Si vous voulez varier cette recette, faites gratiner votre parmentier au four après l'avoir agrémenté de gruyère râpé.

Purée tricolore

Dès 8 mois

Ingrédients : *60 g de carotte (1 petite) ; 60 g de fleurs de chou-fleur ; 60 g de haricots verts extrafins frais ou surgelés ; ¼ d'oignon ; 1 c. à s. d'huile d'olive ; 1 œuf ; 1 pincée de noix muscade ; 1 pincée de cumin en poudre.*

- Préchauffez votre four à 210 °C (th. 7).
- Équeutez les haricots verts, rincez-les. Épluchez et lavez la carotte, coupez-la en rondelles. Détaillez le chou-fleur, lavez les fleurs à l'eau vinaigrée puis rincez-les. Faites cuire les légumes 10 minutes dans un panier vapeur, sans les mélanger. Dès la fin de la cuisson, disposez-les dans trois assiettes.
- Pelez l'oignon, hachez-le finement et faites-le revenir dans une poêle avec l'huile d'olive à feu très doux. Battez l'œuf à la fourchette dans un bol.
- Mettez le chou-fleur dans le mixeur, avec le poivre, la noix muscade et le tiers de l'œuf battu. Mixez en purée puis réservez dans l'assiette.
- Lavez le bol du mixeur. Mixez les haricots verts, un tiers de l'œuf battu et la fondue d'oignons. Poivrez et mixez en purée, réservez dans l'assiette.
- Lavez le bol du mixeur. Mixez enfin la carotte avec un tiers d'œuf et le cumin.
- Disposez successivement, dans une verrine allant au four, la purée de carotte, celle de chou-fleur et celle de

haricots verts. Mettez la verrine dans un bain-marie et enfournez 20 minutes.

Mes conseils

Ce plat étant complet, l'œuf apportant les protéines, inutile de l'accompagner de viande ou de poisson !

Vous pouvez appliquer le quotient multiplicateur aux quantités et prévoir ainsi un excellent dîner pour toute la famille ! Ce conseil est valable à présent sur bon nombre de « petits pots ».

BRANDADE DE JULIENNE PARMENTIÈRE

Dès 8 mois

Ingrédients : *50 g de filet de julienne (ou lingue) sans la peau ; 150 g de pomme de terre à purée (1 belle) ; 1 c. à s. de chapelure ; 30 ml de lait ; 1 c. à s. d'huile d'olive ; 1 feuille de laurier ; persil ; poivre du moulin.*

- Préchauffez votre four à 180 °C (th. 6).
- Épluchez et lavez la pomme de terre, faites-la cuire 15 minutes au robot vapeur. Ouvrez le robot vapeur avec précaution, ajoutez les filets de julienne et la feuille de laurier. Reprenez la cuisson vapeur 10 minutes. Laissez tiédir.
- Retirez les filets, déposez-les sur une assiette pour les émietter à l'aide d'une fourchette en prenant soin d'enlever les arêtes.
- Écrasez la pomme de terre à la fourchette avec la julienne, puis ajoutez le lait, l'huile d'olive, le persil ciselé et donnez un tour de moulin à poivre. Disposez le tout dans un plat allant au four, parsemez de chapelure et laissez gratiner 10 minutes. Laissez un peu refroidir avant de servir.

Mon conseil

En cas d'intolérance au gluten, supprimez la chapelure de cette recette et remplacez-la par un peu de gruyère râpé.

Parmentier de thon en verrine

Dès 8 mois

Ingrédients : *100 g de pomme de terre (1 moyenne) ; 100 g de topinambour (1 moyen) ; 20 g de miettes de thon blanc ; 20 g de parmesan râpé ; 20 ml de lait entier ; 1 c. à s. de crème liquide ; 1 noix de beurre ; 1 brin de persil ; 1 pincée de noix muscade.*

- Préchauffez votre four à 150 °C (th. 5).
- Épluchez et lavez la pomme de terre et le topinambour, coupez-les en morceaux et faites les cuire 20 minutes à la vapeur. Ils doivent être tendres.
- Écrasez-les en purée puis ajoutez le lait petit à petit, le beurre et la noix de muscade. Mélangez les miettes de thon avec le persil ciselé.
- Répartissez la moitié de la purée dans des verrines, ajoutez les miettes de thon en une couche puis recouvrez du reste de purée. Parsemez avec le parmesan râpé et un peu de crème liquide.
- Passez au four 10 minutes. Laissez refroidir légèrement avant de servir.

Parmentier vert de cabillaud

Dès 8 mois

Ingrédients : *30 g de filet de cabillaud (ou restes de poisson) ; 50 g de pomme de terre (1 toute petite) ; 150 g de courgette (1 moyenne) ; 30 ml de lait ; 1 brin d'estragon ; ½ gousse d'ail ; 1 noix de beurre ; 1 c. à c. de chapelure.*

- Préchauffez votre four à 180 °C (th. 6).
- Épluchez et lavez la pomme de terre. Lavez et coupez en deux la courgette, retirez les pépins à l'aide d'une cuillère. Coupez les légumes en dés et faites-les cuire 10 minutes à la vapeur. Ajoutez le filet de cabillaud et prolongez la cuisson 10 minutes.
- Écrasez la pomme de terre et la courgette au presse-purée en ajoutant le lait. Émiettez le cabillaud à l'aide d'une fourchette en prenant soin de retirer les arêtes.
- Pelez la gousse d'ail, passez-la au presse-ail, ciselez l'estragon. Mélangez-les aux miettes de cabillaud et placez le mélange dans un petit plat à gratin. Recouvrez le tout avec la purée, parsemez de noisettes de beurre, de chapelure et faites gratiner 10 minutes au four.
- Dès que le parmentier est doré, sortez-le du four, laissez-le légèrement refroidir avant de servir.

Mon conseil

En cas d'intolérance au gluten, faites gratiner votre parmentier avec du gruyère râpé à la place de la chapelure.

PARMENTIER DE CHOU-FLEUR

Dès 8 mois

Ingrédients : *30 g de steak haché de bœuf à 5 % de matière grasse ; 150 g de chou-fleur ; 50 g de pomme de terre (1 petite) ; 30 ml de lait ; 1 c. à s. de crème fraîche ; 1 pincée de noix de muscade en poudre ; 1 pincée de poivre.*

- Préchauffez le four à 180 °C (th. 6).
- Détaillez le chou-fleur et lavez-le. Épluchez et lavez la pomme de terre, coupez-la en morceaux. Faites cuire les deux légumes 15 minutes à la vapeur, puis mettez-les dans un saladier et réduisez-les en purée à la fourchette, après avoir versé le lait et la crème. Ajoutez la muscade et le poivre, réservez.
- Dans une poêle, faites cuire à feu vif le steak haché. Émiettez-le puis mettez-le dans un plat adapté. Recouvrez-le avec la purée de chou-fleur et enfournez 10 minutes. Laissez tiédir avant de servir.

Gratin de potimarron au poulet et aux champignons

Dès 8 mois

Ingrédients : *100 g de potimarron ; 50 g de pomme de terre (1 toute petite) ; 50 g de champignons de Paris ; 50 ml de lait ; 30 g de blanc de poulet ; 1 c. à s. de gruyère râpé ; 1 c. à c. d'huile d'olive ; mélange aux 5 baies en moulin.*

- Préchauffez votre four à 180 °C (th. 6).
- Enlevez les graines, les fibres et l'écorce du potimarron. Épluchez et lavez la pomme de terre. Coupez les deux légumes en gros dés. Mettez-les dans une cocotte.
- Ajoutez le blanc de poulet en un seul morceau dans la cocotte. Recouvrez d'eau, ajoutez le lait, donnez un tour de moulin du mélange aux 5 baies, couvrez et laissez cuire 20 minutes à feu moyen.
- Pendant ce temps, lavez et émincez les champignons en tout petits morceaux, faites-les fondre doucement dans une poêle, puis terminez leur cuisson à l'huile d'olive afin de les faire légèrement colorer.
- Une fois la viande cuite, mixez-la et déposez-la dans un plat. Mixez le potimarron et la pomme de terre, incorporez cette purée à la fondue de champignons et déposez le mélange sur la viande.

- Parsemez de gruyère râpé et enfournez 10 minutes. Laissez tiédir légèrement avant de servir.

Mon conseil

Cette recette est idéale pour démarrer les petits morceaux. Si Bébé n'est pas encore prêt à les accepter, mixez les champignons et le potimarron.

Purée de patate douce à la noix de veau

Dès 8 mois

Ingrédients : *180 g de patate douce (1 petite) ; 40 g de noix de veau ; 5 g de beurre ; 20 g de mimolette râpée ; ½ échalote ; ½ gousse d'ail ; 1 c. à c. d'huile d'olive ; 50 ml de bouillon de légumes ; mélange aux 5 baies en moulin.*

- Pelez et émincez l'échalote. Faites-la revenir très légèrement dans une cocotte, puis ajoutez la noix de veau que vous ferez dorer sur toutes ses faces. Versez le bouillon, couvrez et laissez cuire 20 minutes à feu doux.
- Pendant ce temps, pelez et lavez la patate douce et coupez-la en morceaux. Pelez l'ail et passez-le au presse-ail. Faites cuire la patate douce dans de l'eau bouillante jusqu'à ce qu'elle soit tendre. Égouttez-la et passez-la au moulin pour obtenir une purée lisse. Ajoutez le beurre, l'ail et donnez un tour de moulin du mélange aux 5 baies.
- Lorsque la viande est cuite, mixez-la puis incorporez-la à la purée de patate douce. Versez dans une assiette creuse et recouvrez d'un peu de mimolette râpée. Servez.

Mon conseil

Cette recette contient du fromage. Ne rajoutez pas de laitage dans son repas. Complétez uniquement par un petit fruit ou une compote.

Parmentier de légumes au jambon

Dès 8 mois

Ingrédients : *50 g de courgette (½ petite) ; 50 g de carotte (1 toute petite) ; 50 g de pomme de terre (1 toute petite) ; 50 ml de lait ; 30 g de jambon blanc râpé ; 20 g d'emmental râpé ; 1 pincée de muscade.*

- Épluchez la carotte et la pomme de terre, lavez-les. Coupez-les en dés. Lavez la courgette. Coupez-la en deux dans le sens de la longueur, retirez les pépins à l'aide d'une cuillère puis débitez-la en dés.
- Faites cuire tous les légumes 20 minutes à la vapeur. Mixez-les, ajoutez le lait et la muscade.
- Déposez la purée de légumes dans un ramequin. Ajoutez le râpé de jambon et d'emmental. Servez.

Variante

Le râpé de jambon peut être remplacé par du cabillaud cuit que vous émiettez après avoir pris soin de retirer toutes les arêtes.

Hachis de bœuf tomate et poireau

Dès 8 mois

Ingrédients : *30 g de steak haché de bœuf ; 100 g de blanc de poireau (1 moyen) ; 1 petite pomme de terre ; 50 g de tomate concassée ; 30 g de concentré de tomates ; ½ gousse d'ail pressée ; 1 c. à c. d'huile d'olive ; mélange aux 5 baies en moulin.*

- Détaillez le blanc de poireau en lanières, puis en tronçons que vous lavez soigneusement. Épluchez la pomme de terre et coupez-la en petits morceaux. Faites cuire les légumes 15 minutes dans de l'eau bouillante.
- Pendant ce temps, saisissez la viande à feu vif quelques minutes dans une poêle. Ajoutez la tomate concassée, le concentré de tomates, l'huile d'olive. Couvrez et laissez mijoter doucement 20 minutes.
- Mixez le poireau et la pomme de terre. Assaisonnez d'un tour de moulin du mélange aux 5 baies. Déposez la purée dans une assiette creuse et faites un puits dans lequel vous déposez la viande cuisinée. Servez.

Mon conseil

Ne jetez pas le vert du poireau… Conservez-le pour une soupe de légumes pour toute la famille.

Purée de betterave au poulet

Dès 8 mois

Ingrédients : *100 g de betterave cuite (1 petite) ; 100 g de pomme de terre (1 moyenne) ; 30 g d'escalope de poulet ; 30 ml de lait ; 1 noix de beurre ; 1 brin d'estragon.*

- Épluchez et lavez la pomme de terre, coupez-la en dés. Faites-la cuire 10 minutes à la vapeur avec le poulet.
- Épluchez et coupez la betterave en dés, ajoutez-la dans le panier vapeur et prolongez la cuisson de 5 minutes.
- Mixez le tout avec le lait pour obtenir une purée lisse, ajoutez la noix de beurre et l'estragon ciselé. Présentez dans une assiette creuse et servez.

Pour compléter le repas

La quantité de lait de cette recette n'est pas suffisante pour couvrir les besoins de votre bébé. Complétez son repas avec un petit-suisse ou une compote lactée.

Purée orange aux salsifis et à l'agneau

Dès 8 mois

Ingrédients : *50 g de carotte (1 toute petite) ; 50 g de potiron ; 100 g de salsifis ; 1 petite pomme de terre ; 30 g d'agneau (type filet ou épaule) ; 1 c. à s. de crème ; 1 pincée de cumin.*

- Pelez les salsifis, rincez-les puis coupez-les en morceaux.
- Épluchez et lavez la carotte et la pomme de terre. Retirez l'écorce, les fibres et les pépins du potiron. Coupez les légumes en dés.
- Déposez les légumes dans le fond d'un panier vapeur et l'agneau par-dessus, faites cuire 25 minutes. Mixez l'ensemble avec la crème et le cumin, puis versez dans une assiette creuse.

Mon conseil

Au fur et à mesure que Bébé grandit, variez la texture de ce plat : découpez finement la viande après l'avoir fait cuire à la poêle et écrasez les légumes à la fourchette pour laisser des petits morceaux.

Petit couscous de la mer

Dès 8 mois

Ingrédients : *30 g de cabillaud ; 30 g de saumon frais ; 2 crevettes roses décortiquées ; 30 g de semoule de blé ; 2 c. à c. d'huile d'olive ; 1 c. à c. de concentré de tomates ; 1 pincée de curcuma.*

- Coupez les poissons en dés. Poêlez-les avec 1 c. à c. d'huile d'olive, en tournant régulièrement pour les faire cuire à cœur.
- Mélangez la semoule de blé avec 1 c. à c. d'huile d'olive pour bien l'humecter, déposez-la dans un petit saladier et ajoutez son même volume en eau. Faites-la cuire 3 minutes au micro-ondes (pleine puissance), puis remuez bien.
- Délayez le concentré de tomates avec un peu d'eau, ajoutez le curcuma. Déposez la semoule dans une assiette creuse, versez la sauce tomate, les morceaux de poisson et les crevettes. Servez.

Mes conseils

Si Bébé est encore petit, écrasez le poisson à la fourchette avant de servir.

En cas d'intolérance au gluten, remplacez la semoule par du tapioca (vérifiez l'absence de traces de gluten sur l'emballage !).

Purée Saint-Germain au poulet

Dès 8 mois

Ingrédients : *50 g d'émincé de poulet ; 150 g de pois cassés ; 50 g de carotte (1 toute petite) ; ½ petit oignon blanc ; 1 c. à c. d'huile de noix ; 1 pincée de muscade.*

- Lavez les pois cassés, faites-les tremper 1 heure dans l'eau froide puis égouttez-les.
- Pelez et émincez l'oignon. Épluchez et lavez la carotte, coupez-la en fines rondelles.
- Faites revenir l'oignon à feu doux dans une cocotte avec l'huile de noix. Ajoutez la carotte et les pois cassés, recouvrez d'eau et laissez cuire 1 heure à petit feu. Les pois cassés doivent être tendres, sinon prolongez la cuisson en vérifiant que le niveau d'eau reste correct.
- Un quart d'heure avant la fin de cuisson des légumes, faites revenir l'émincé de poulet dans une poêle pour le faire dorer.
- Égouttez les légumes, mixez-les avec le poulet, ajoutez la muscade et servez dans une assiette creuse.

Mon conseil

Quand Bébé gourmet a bien grandi, ajoutez à cette purée quelques lardons fumés revenus à la poêle, il se régalera !

ŒUFS BROUILLÉS À L'ÉCRASÉE DE POMMES DE TERRE

Dès 8 mois

Ingrédients : *200 g de pommes de terre (2 moyennes) ; 2 c. à s. de lait ; 1 noix de beurre ; 1 œuf extra-frais ; 1 c. à c. d'emmental râpé ; quelques brins de coriandre fraîche.*

- Lavez les pommes de terre. Portez-les à ébullition 15 minutes dans une casserole, avec leur peau. Vérifiez la cuisson avec une pointe de couteau.
- Lorsqu'elles sont cuites, retirez la peau puis écrasez-les à la fourchette plus ou moins grossièrement. Ajoutez le lait et le beurre pour parfaire la texture et saupoudrez de coriandre ciselée pour la couleur.
- Pendant ce temps, cassez les œufs dans une poêle pas trop chaude, laissez-les cuire 2 minutes, ajoutez l'emmental puis brouillez le tout à la spatule. Arrêtez la cuisson lorsque les œufs se tiennent (ne les faites pas trop cuire).
- Présentez l'écrasée de pommes de terre dans une assiette creuse, déposez au centre les œufs brouillés et servez.

Mon conseil

L'emmental de la recette couvre les besoins de votre bébé. Complétez simplement le repas par une compote de fruits.

ŒUF COULANT ET SA COROLLE DE FLEURS DE BROCOLI

Dès 8 mois

Ingrédients : *1 œuf calibre moyen* ; *150 g de fleurs de brocoli* ; *50 g de pomme de terre (1 toute petite)* ; *1 c. à s. de crème fleurette* ; *2 brins de ciboulette* ; *mélange aux 5 baies en moulin.*

- Séparez et lavez les fleurs de brocoli. Épluchez et lavez la pomme de terre. Faites cuire les légumes 15 minutes à la vapeur, ils doivent être tendres. Mixez-les, ajoutez la crème et donnez un tour de moulin du mélange aux 5 baies.
- Pendant ce temps, plongez l'œuf 3 minutes dans une casserole d'eau bouillante. Laissez-le légèrement refroidir puis écalez-le en prenant soin de ne pas le percer.
- Déposez la purée dans une assiette plate en faisant un joli cercle, posez l'œuf au centre et coupez-le en deux pour laisser couler le jaune sur la purée. Ciselez la ciboulette, parsemez-la sur l'œuf. Servez.

Sole roulée aux épinards

Dès 8 mois

Ingrédients : *1 filet de sole (40 g environ) ; 150 g d'épinards hachés à la crème (surgelés) ; 1 noix de beurre.*

- Décongelez les épinards au micro-ondes. Déposez le filet de sole sur une assiette, recouvrez-le d'épinards. Roulez le filet sur les épinards et maintenez le rouleau avec un pic en bois. Faites cuire le roulé 10 minutes à la vapeur.
- Retirez le pic en bois, et servez dans une assiette avec la noix de beurre : soit tel que pour les plus grands, soit écrasé à la fourchette pour les plus petits.

Mon conseil

Pour un peu plus de goût, passez le roulé à la poêle quelques minutes dans le beurre pour le faire dorer.

Pilaf de millet et tofu sauté

Dès 12 mois

Ingrédients : *3 c. à s. de millet ; 50 ml de jus de tomates ; 2 tomates cerise ; 1 petit oignon ; 40 g de tofu ; 2 c. à s. d'huile d'olive ; poivre du moulin.*

- Pelez et hachez l'oignon. Chauffez légèrement l'huile dans la poêle et faites revenir l'oignon avec le millet. Ajoutez le jus de tomates. Laissez cuire jusqu'à absorption du jus, mais vérifiez la cuisson et ajoutez un peu d'eau au besoin. Ajoutez 1 pincée de poivre. Réservez.
- Faites sauter le tofu coupé en dés, puis intégrez les tomates cerise coupées en morceaux.
- Versez le millet dans une assiette creuse, déposez le tofu au centre. Servez.

Mon conseil

Tout comme les légumes secs, le tofu est particulièrement riche en protéines végétales. Sans en abuser chez les plus petits, il remplacera de temps à autre la viande ou le poisson dans son plat.

Gratin printanier de saumon

Dès 12 mois

Ingrédients : *50 g de petits pois frais ; 100 g d'épinards frais ; 50 g de pomme de terre (1 toute petite) ; 50 cl de bouillon de légumes ; 30 g d'un pavé de saumon ; 1 échalote ; 1 c. à c. de crème fraîche ; 1 c. à c. d'huile d'olive ; quelques brins de persil plat.*

- Préchauffez le four à 180 °C (th. 6).
- Pelez et émincez l'échalote. Faites-la revenir à feu doux dans l'huile d'olive.
- Épluchez et lavez la pomme de terre, coupez-la en petits morceaux.
- Faites-la cuire à feu doux 5 minutes dans une casserole d'eau, égouttez-la puis recouvrez-la de bouillon de légumes et laissez cuire à couvert 10 minutes.
- Ajoutez les petits pois et poursuivez la cuisson encore 10 minutes. Ajoutez les épinards et poursuivez la cuisson 5 minutes. Égouttez et réduisez le tout en purée au mixeur. Ajoutez la crème fraîche et le persil ciselé.
- Pendant ce temps, passez le saumon au court-bouillon 5 à 10 minutes. Égouttez-le puis émiettez-le dans une assiette à l'aide d'une fourchette en prenant soin de retirer les arêtes.
- Déposez le saumon dans un plat à four. Recouvrez de purée. Enfournez 20 à 25 minutes. Laissez refroidir légèrement avant de servir.

VERRINE SURPRISE À LA COMPOTÉE D'AGNEAU

Dès 12 mois

Ingrédients : *40 g de gigot d'agneau ; 180 g de pommes de terre (2 moyennes) ; ¼ d'oignon ; quelques feuilles de coriandre ; 2 c. à c. d'huile d'olive ; 50 ml de bouillon de légumes ; 1 c. à s. de miel.*

- Coupez le gigot en fines lamelles. Pelez et émincez finement l'oignon et faites-le revenir dans 1 c. à c. d'huile d'olive. Une fois que l'oignon a commencé à dorer, ajoutez la viande et faites-la revenir le temps qu'elle se colore.
- Ajoutez le miel, laissez revenir encore 1 minute. Versez ensuite le bouillon et laissez mijoter à feu doux à couvert 20 minutes environ en remuant de temps en temps. Ajoutez les feuilles de coriandre ciselées. Il doit rester un peu de jus en fin de cuisson.
- Lavez les pommes de terre et faites les cuire avec leur peau 20 minutes dans une casserole d'eau. Épluchez-les et écrasez-les grossièrement. Ajoutez 1 c. à c. d'huile d'olive et mélangez bien.
- Dressez les verrines en déposant la compotée d'agneau puis en recouvrant de l'écrasée de pommes de terre.

Mon conseil

Cette recette est proposée à partir de 12 mois en raison de l'ajout de miel. Mais vous pouvez la proposer pour les plus jeunes en le supprimant et en réduisant les proportions (20 à 30 g d'agneau).

Fleurs de brocoli aux crevettes roses

Dès 12 mois

Ingrédients : *100 g de fleurs de brocoli ; 50 g d'épinards hachés surgelés ; 40 g de crevettes roses cuites ; 1 c. à s. de crème fleurette ; 2 brins de ciboulette.*

- Décortiquez les crevettes et coupez-les en petits tronçons.
- Séparez les fleurs du brocoli et rincez-les. Faites-les cuire 10 minutes à la vapeur avec les épinards surgelés. Mixez le tout en une purée lisse.
- Lavez, séchez et ciselez la ciboulette.
- Déposez la purée dans une assiette creuse, les tronçons de crevettes au centre et décorez avec la ciboulette ciselée. Servez.

Mes conseils

Vous pouvez également proposer cette recette à partir de 8 mois en remplaçant les crevettes par 30 g de sole ou de cabillaud émietté.

Pour les plus débrouillards qui apprécient de manger seul, proposez les crevettes à part…

Purée de fenouil au cabillaud

Dès 12 mois

Ingrédients : *1 bulbe de fenouil ; 50 g de dos de cabillaud (sans la peau) ; 1 belle noix de beurre ; 1 branche de thym.*

- Coupez en dés et lavez le bulbe de fenouil. Faites-le cuire 15 minutes dans le panier vapeur avec la branche de thym. Ajoutez le dos de cabillaud et prolongez la cuisson de 10 minutes.
- Retirez la branche de thym. Mixez le tout, ajoutez la noix de beurre et servez dans une assiette creuse.

Mon conseil

Le goût fort du fenouil peut parfois rebuter les bébés. Il vaut mieux leur donner cette purée lorsque la diversification alimentaire sera bien en place, vers 8/10 mois. Mais on peut toujours en adoucir le goût en ajoutant un peu de carotte mixée à la préparation ou de patate douce.

Petit salé bruxellois

Dès 12 mois

Ingrédients : *4 choux de Bruxelles ; 50 g de carotte (1 toute petite) ; 1 petite pomme de terre ; 50 g d'échine de porc dégraissée et désossée ; 1 noix de beurre.*

- Coupez l'échine en petits dés.
- Épluchez et lavez la carotte et la pomme de terre. Coupez-les en morceaux. Retirez le pied des choux de Bruxelles, rincez-les.
- Placez les légumes et la viande dans le panier vapeur et faites cuire l'ensemble 25 minutes.
- Mixez le tout, versez dans une assiette creuse, beurrez et servez.

Purée pour l'hiver

Dès 12 mois

Ingrédients : *2 choux de Bruxelles ; 50 g de carotte (1 toute petite) ; 50 g de navet (1 petit) ; 50 g de pomme de terre (1 toute petite) ; 50 g de filet mignon de porc ; 1 c. à c. d'huile d'olive.*

- Coupez la base des choux de Bruxelles, puis rincez-les. Épluchez, lavez et coupez en morceaux la carotte, le navet et la pomme de terre. Placez les légumes dans le panier vapeur et laissez cuire 20 minutes.
- Pendant ce temps, faites cuire le filet mignon à feu vif dans une poêle. Dès qu'il est doré des deux côtés, réduisez le feu et couvrez pour bien cuire à cœur. Mixez. Réservez au chaud.
- Lorsque les légumes sont cuits, mixez-les puis versez la purée dans une assiette creuse. Ajoutez l'huile d'olive en mélangeant. Déposez le filet mignon au centre et servez.

Gratin dauphinois aux épinards

Dès 12 mois

Ingrédients : *100 g de pomme de terre (1 moyenne) ; 100 g d'épinards hachés surgelés ; 1 belle tranche de truite fumée ; 1 c. à s. de crème fraîche ; 30 ml de lait ; 1 c. à c. d'emmental râpé.*

- Préchauffez votre four à 180 °C (th. 6).
- Épluchez et lavez la pomme de terre, coupez-la en tranches très fines (utilisez un trancheur électrique si vous en possédez un, plus les tranches seront fines, plus la cuisson sera rapide ! Sinon, la mandoline, c'est bien aussi…). Faites décongeler les épinards au micro-ondes.
- Dans un plat, disposez en couches successives les tranches de pomme de terre, les épinards, la truite émiettée puis une couche d'épinards, et terminez par les tranches de pomme de terre. Parsemez d'emmental râpé.
- Dans un ramequin, mélangez le lait avec la crème, que vous versez sur le gratin.
- Passez 30 minutes au four, laissez légèrement refroidir avant de servir.

Mes conseils

Pour varier, remplacez les épinards par une fondue de poireaux…

À compléter simplement par un petit fruit en morceaux.

Attention : *variez les produits laitiers. Si son repas contient du fromage (inclus ou non dans la recette), n'en proposez pas à l'autre repas (même si pitchoun en raffole !). Préférez dans ce cas un yaourt ou fromage blanc au repas suivant.*

Œufs brouillés aux champignons

Dès 12 mois

Ingrédients : *1 œuf extra-frais ; 200 g de champignons de Paris ; 1 c. à s. de crème fraîche ; 1 c. à c. d'huile d'olive ; 2 branches de thym frais.*

- Lavez les champignons, coupez-leur les pieds, puis débitez-les en tout petits morceaux. Faites les fondre dans une poêle afin qu'ils rendent un maximum d'eau. Un peu avant la fin de la cuisson, ajoutez l'huile d'olive et le thym. Faites dorer à feu moyen quelques minutes et réservez.
- Faites cuire l'œuf dans la poêle en crevant le jaune, ajoutez la crème fraîche puis les champignons, après avoir retiré le thym, et laissez cuire à feu doux quelques minutes. Servez.

Mon conseil

Les champignons sont fondus et coupés en petits morceaux… Leur moelleux est idéal pour appréhender de nouvelles textures !

PETIT POT DE COURGETTE ET RILLETTES AUX DEUX SAUMONS

Dès 12 mois

Ingrédients : *200 g de courgette (1 moyenne) ; 20 g de saumon frais ; 10 g de saumon fumé ; 1 c. à s. de crème fraîche ; 1 c. à c. d'aneth.*

- Préparez les rillettes : faites cuire 7 minutes à la vapeur le saumon frais (après avoir retiré les éventuelles arêtes). Vérifiez la cuisson du saumon frais puis mixez avec le saumon fumé. Ajoutez la crème. Placez au réfrigérateur au moins 1 heure.
- Lavez la courgette, coupez-la en deux et retirez les pépins. Faites-la cuire 15 minutes à la vapeur. Mixez puis incorporez l'aneth. Mélangez bien. Versez la purée de courgette dans une assiette creuse, faites un puits au centre pour y déposer les rillettes.

GALETTES RIGOLOTES AUX PETITS POIS ET CAROTTE

Dès 12 mois

Ingrédients : *100 g de carotte (1 moyenne) ; 50 g de petits pois surgelés extra-fins ; 1 petite pomme de terre ; 30 g de steak haché à 5 % de matière grasse ; 1 c. à c. d'huile d'olive.*

- Épluchez et lavez la carotte et la pomme de terre, coupez-les en morceaux. Faites-les cuire 15 minutes à la vapeur.
- Dès qu'elles sont cuites, écrasez-les grossièrement à l'aide d'une fourchette. Émiettez le steak haché et mélangez bien. Formez une galette plate que vous faites cuire à feu doux (elle doit être juste dorée, mais se tenir). Faites-la glisser dans une assiette et découpez-la avec un emporte-pièce (choisissez des formes qui plaisent aux enfants : animaux, étoiles, fleurs…). Servez.

Fondue de poireaux aux noix de pétoncles

Dès 18 mois

Ingrédients : *200 g de blancs de poireaux (2 moyens) ; 40 g de noix de pétoncles surgelées ; 1 noix de beurre ; 1 c. à c. d'huile d'olive.*

- Fendez les blancs de poireaux plusieurs fois dans le sens de la longueur, puis coupez-les en tronçons et lavez-les. Blanchissez-les quelques instants dans une casserole d'eau bouillante, puis égouttez-les. Faites-les revenir à l'huile d'olive dans une poêle, à feu doux, en remuant régulièrement.
- Dans une seconde poêle, faites chauffer le beurre et jetez-y les noix de pétoncles pour les faire légèrement dorer.
- Mixez les blancs de poireaux, versez la purée obtenue dans une assiette creuse puis déposez les coquillages par-dessus. Servez.

Variantes

Si vous ne trouvez pas de noix de pétoncles, la fondue de poireaux se mariera également très bien avec du colin, de la sole ou du cabillaud… Une vraie recette de petit gourmet !

MINI CERISES FARCIES

Dès 18 mois

Ingrédients : *6 à 8 tomates cerise de beau calibre ; 20 g de jambon blanc ; 20 g de steak haché à 5 % de matière grasse ; 1 branche de coriandre ; ¼ d'oignon blanc.*

- Allumez votre four à 180 °C (th. 6).
- Épluchez l'oignon. Mixez-le très finement avec le jambon et les feuilles de coriandre. Mélangez-les au steak pour en faire un mélange homogène.
- Lavez les tomates, coupez-les en deux et évidez-les. Gardez la pulpe pour la rajouter à la farce. Garnissez les tomates de farce en tassant bien, rangez-les bien serrées dans un plat et enfournez 20 minutes. Laissez légèrement refroidir avant de servir.

Mon conseil

Comme ce plat ludique demande un certain temps de préparation, n'hésitez pas à en préparer un peu plus pour régaler toute la famille.

L'assiette de Bébé fait le tour du monde !

Depuis déjà plusieurs semaines, Bébé a découvert des goûts multiples et savoureux... Certes la cuisine française ne manque pas de ressources, mais pourquoi ne pas lui faire découvrir également des recettes traditionnelles venues d'ailleurs ?

Certaines d'entre elles sont adaptées à des enfants qui ne tolèrent pas encore les morceaux, donc mixées (sauf pour celles pour lesquelles ce n'est malheureusement pas possible), mais elles pourront évoluer progressivement vers des préparations plus traditionnelles, moins « lissées ». On peut les proposer aux enfants ayant bien démarré leur diversification alimentaire, donc à partir de 18 mois. Des recettes qui séduiront toute la famille, des goûts auxquels on ne s'attend pas, des saveurs exotiques... et des recettes à adapter aux capacités de Bébé, et à ses envies bien sûr.

Et on en profite pour faire une petite leçon de géographie aux plus grands !?

Petits plats du monde

Houmous à la carotte (Liban)

Dès 18 mois

Ingrédients : *100 g de carotte (1 moyenne) ; 80 g de pois chiches cuits ; 1 c. à c. de tahin (purée de sésame) ; 1 c. à s. de jus de citron ; ½ gousse d'ail ; 1 pincée de cumin ; 1 c. à c. d'huile d'olive.*

- Épluchez et lavez la carotte. Faites-la cuire 15 minutes à la vapeur. Rincez et égouttez les pois chiches. Fendez l'ail en deux, retirez le germe et pressez la gousse. Mixez tous les ingrédients ensemble pour obtenir une purée lisse. Versez dans une assiette creuse et servez accompagné de petits toasts.

Mon conseil

Complétez ce houmous avec quelques tapas. On picore par-ci par-là pour le plus grand plaisir de Bébé… et on complète d'un produit laitier et d'un petit fruit ou compote aux fruits exotiques !

Tartinade de légumes (chanfaina, Mexique)

Dès 18 mois

Ingrédients : *100 g de chou blanc ; 1 tomate moyenne ; ½ oignon blanc ; ½ gousse d'ail ; 1 c. à c. d'huile d'olive ; 1 c. à c. de vinaigre de cidre ; 20 g d'olives noires dénoyautées ; 10 g de câpres.*

- Lavez les feuilles de chou, coupez-les en lanières. Épluchez l'oignon et lavez la tomate, coupez-les en petits morceaux.
- Mixez le chou, la tomate, l'oignon et les câpres. Versez-les dans un faitout, ajoutez l'huile d'olive, le vinaigre, l'ail écrasé et les olives coupées en petits morceaux, et laissez mijoter 35 minutes à petit feu et à couvert.
- Versez dans une assiette creuse et servez accompagné de petits toasts.

Mon conseil

Complétez cette tartinade avec un peu de jambon, d'un laitage et d'un fruit.

Omelette bulgare (mishmash)

Dès 18 mois

Ingrédients : *100 g de poivron rouge ; 100 g de tomate (1 petite tomate) ; ½ oignon blanc ; 20 g de feta ; 1 œuf très frais ; 1 c. à c. d'huile d'olive ; quelques feuilles de persil plat.*

- Lavez le poivron rouge, passez-le au four sur une grille pour en décoller la peau, ouvrez-le et retirez les pépins. Lavez la tomate et passez-la 2 à 3 minutes dans l'eau bouillante pour retirer la peau plus facilement. Pelez l'oignon et émincez-le très finement.
- Faites cuire 20 minutes à la vapeur le poivron et la tomate, puis mixez-les pour obtenir une purée lisse.
- Dans une poêle, faites revenir l'oignon avec l'huile d'olive. Dès qu'il est translucide, versez la purée tomate-poivron et remuez. Émiettez dessus la feta et laissez-la fondre, puis versez l'œuf battu et laissez-le cuire. Versez dans une assiette, décorez avec le persil et servez.

CHILI CON CARNE (MEXIQUE)

Dès 18 mois

Ingrédients : *50 g de steak haché à 5 % de matière grasse ; ½ oignon rouge ; 20 g de maïs ; 100 g de haricots rouges en boîte ; 50 g de tomates concassées ; 1 c. à c. de concentré de tomates ; 1 c. à c. de sucre ; coriandre en poudre, cumin et paprika doux ; ½ gousse d'ail ; 1 c. à c. d'huile d'olive ; 20 g de cheddar ; 1 c. à c. de crème fraîche.*

- Pelez l'oignon et émincez-le finement. Faites le légèrement dorer dans un faitout avec l'huile d'olive et l'ail pressé. Ajoutez le steak haché en l'émiettant et mélangez bien. Ajoutez une pincée de coriandre en poudre, une de cumin et une de paprika doux.
- Rincez et égouttez le maïs et les haricots rouges. Ajoutez-les dans le faitout ainsi que le concentré de tomates, les tomates concassées et le sucre. Couvrez et laissez mijoter 30 minutes à petit feu.
- Servez dans une assiette creuse accompagné de cheddar et d'une cuillerée de crème fraîche.

Mon conseil

Cette recette peu épicée est adaptée aux tout-petits mais pourra être accompagnée de tabasco pour le reste de la famille.

Colombo de porc à l'aubergine (Antilles)

Dès 18 mois

Ingrédients : *40 g de filet mignon de porc ; 100 g d'aubergine (1 toute petite) ; 1 petit oignon nouveau ; 50 g de patate douce (1 morceau) ; 1 pincée d'épices à colombo ; 1 c. à c. d'huile d'olive ; ½ gousse d'ail ; quelques feuilles de coriandre fraîche.*

- Lavez et épluchez l'aubergine avec un économe, coupez-la en deux pour retirer les pépins puis coupez-la en petits morceaux. Pelez l'oignon, émincez-le. Épluchez et lavez la patate douce, coupez-la en dés. Placez les légumes dans un faitout avec l'huile d'olive, ajoutez le filet mignon, les épices à colombo, l'ail pressé et laissez mijoter 30 minutes. Le filet mignon doit être cuit à cœur.
- Mixez séparément les légumes et la viande. Versez la purée de légumes dans une assiette creuse, déposez la viande au centre et décorez avec les feuilles de coriandre.

Variantes

Vous pouvez sans problème remplacer le porc par du filet d'agneau ou encore du cabillaud, qui se marieront tout aussi bien à cette recette. Et si vous n'avez pas de patate douce sous la main, une petite pomme de terre fera l'affaire.

Tagine d'agneau aux pruneaux (Maroc)

Dès 18 mois

Ingrédients : *30 g d'agneau en filet ; ½ oignon ; 3 ou 4 pruneaux dénoyautés ; 100 g de carotte (1 moyenne) ; 30 g de semoule ; 1 c. à c. d'huile d'olive ; 1 pincée de coriandre en poudre ; quelques feuilles de coriandre fraîche.*

- Épluchez et lavez la carotte. Coupez-la en fines rondelles. Pelez et émincez finement l'oignon. Dans un faitout, faites légèrement dorer l'agneau avec l'huile d'olive, ajoutez l'oignon, les rondelles de carotte et les pruneaux coupés en quatre. Assaisonnez avec la coriandre en poudre. Couvrez et laissez mijoter 30 minutes à petit feu.
- Pendant ce temps, faites gonfler la semoule dans son même volume en eau (3 minutes au micro-ondes).
- À la fin de la cuisson, mixez séparément les légumes et la viande (plus ou moins finement selon l'âge de Bébé). Disposez la semoule dans une assiette creuse, recouvrez-la du mélange carotte-pruneaux, puis de l'agneau. Décorez avec les feuilles de coriandre. Servez.

KEFTAS AU BOULGOUR ET COMPOTÉE DE TOMATES (BALKANS)

Dès 18 mois

Ingrédients : *50 g de steak haché à 5 % de matière grasse ; 30 g de boulgour ; 150 g de tomates concassées ; 1 c. à c. de concentré de tomates ; ½ oignon blanc ; épices en poudre : cumin, coriandre, curcuma ; 2 c. à c. d'huile d'olive ; 1 c. à c. de vinaigre balsamique ; quelques feuilles de persil plat.*

- Jetez le boulgour dans une casserole d'eau bouillante (deux fois le volume du boulgour en eau), stoppez le feu, couvrez d'un linge et laissez-le absorber l'eau.
- Pendant ce temps, pelez l'oignon, émincez-le et faites le revenir avec 1 c. à c. d'huile d'olive dans une poêle. Réservez.
- Préparez les keftas : mélangez toutes les épices (1 pincée de chaque) avec la viande hachée et le boulgour. Malaxez et façonnez de petites boulettes de la taille d'une noix que vous aplatissez. Faites-les dorer dans une poêle avec le reste de l'huile d'olive, sur les deux faces. Ajoutez les oignons, les tomates concassées, le concentré de tomates et le vinaigre. Laissez mijoter 20 minutes à feu doux.
- Versez dans une assiette creuse et servez.

Mon conseil

Ce plat original, qui plaira beaucoup aux enfants, est vraiment complet. Pour les plus petits, vous pouvez égrainer les keftas dans l'assiette.

Moussaka (Grèce)

Dès 18 mois

Ingrédients : *100 g d'aubergine ; 60 g de tomate (½ petite) ; 40 g de carotte (½ petite) ; 20 g d'agneau (épaule) ; 1 branche de thym ; 1 oignon nouveau ; 1 c. à c. de beurre. Pour la sauce Mornay : 5 g de beurre + 5 g de farine + 10 cl de lait + 10 g de gruyère râpé.*

- Lavez et pelez l'aubergine, coupez-la en deux et retirez les pépins. Épluchez et lavez la carotte, coupez-la en rondelles. Lavez la tomate, plongez-la dans une casserole d'eau bouillante afin de retirer la peau. Coupez-la en petits dés.
- Placez les légumes avec le thym dans le panier vapeur et faites cuire les légumes 15 minutes.
- Pelez l'oignon et émincez-le, faites-le dorer dans une poêle avec l'agneau. Mixez-les ensemble.
- Lorsque les légumes sont cuits, mixez-les pour les réduire en purée lisse.
- Dans un ramequin, déposez une couche de purée de légumes, recouvrez-la de viande hachée, puis terminez par une couche de purée de légumes.
- Préparez la sauce Mornay : faites fondre le beurre dans une petite casserole, ajoutez la farine pour faire un blanc, remuez bien, puis ajoutez le lait hors du feu. Remuez. Remettez à tout petit feu pour faire épaissir. Ajoutez le gruyère râpé et remuez de nouveau.

- Dès que la sauce est prête, versez-la sur le ramequin puis passez au four 5 à 10 minutes pour faire dorer. Servez.

Mon conseil

Pour les plus grands il sera inutile d'éplucher l'aubergine : ils seront davantage capables de bien digérer la peau.

GRATIN DE MORUE AU BLANC DE POIREAU (PORTUGAL)

Dès 18 mois

Ingrédients : *150 g de blanc de poireau (1 beau) ; ½ oignon blanc ; 50 g de morue dessalée (sans peau) ; 1 c. à c. d'huile d'olive ; 1 c. à s. de fromage blanc ; 1 c. à s. de lait ; mélange aux 5 baies en moulin.*

- Préchauffez votre four à 210 °C (th. 7).
- Coupez la morue en petits morceaux. Fendez le blanc de poireau plusieurs fois dans sa longueur, coupez-le en tronçons que vous lavez soigneusement. Pelez l'oignon et émincez-le. Mixez ensemble la morue, le poireau et l'oignon, puis faites revenir cette purée dans une poêle avec l'huile d'olive. Laissez cuire 15 minutes à petit feu et à couvert, en surveillant. Dès que c'est cuit, versez dans un ramequin.
- Mélangez le lait avec le fromage blanc et donnez un tour de moulin du mélange aux 5 baies. Versez le mélange sur la morue et passez au four pour faire gratiner. Servez.

Crème de polenta, tomates et olives (Italie)

Dès 18 mois

Ingrédients : *50 g de polenta (semoule de maïs) ; 5 ou 6 olives noires dénoyautées ; 50 g de tomate (½ tomate) ; 20 g de ricotta ; 1 c. à c. d'huile d'olive ; 1 c. à s. de lait ; quelques feuilles de basilic ; 1 pincée de sel ; 1 tomate cerise pour la décoration.*

- Plongez la tomate dans une casserole d'eau bouillante quelques minutes et retirez la peau. Faites-la cuire 10 minutes à la vapeur avec les olives. Réservez une olive et mixez les autres avec la tomate et l'huile d'olive.
- Pendant ce temps, plongez la polenta dans une casserole d'eau bouillante et laissez-la cuire 3 minutes. Dès qu'elle est cuite, égouttez-la puis ajoutez la ricotta, le lait et le sel.
- Dans une verrine, déposez une cuillerée de polenta puis une cuillerée du mélange tomate-olives et terminez par une couche de polenta. Décorez avec la tomate cerise coupée en quatre et l'olive réservée, après l'avoir mixée. Servez tiède.

Soupe de maïs (États-Unis)

Dès 18 mois

Ingrédients : *150 g de maïs en boîte ; 1 petit oignon nouveau ; 20 ml de bouillon de légumes ; 50 cl de lait ; 1 noix de beurre ; 1 c. à c. de crème fraîche ; 2 pincées de noix de muscade.*

- Rincez et égouttez le maïs. Pelez et émincez l'oignon. Faites-le revenir dans une casserole avec le beurre afin de le rendre translucide. Ajoutez le lait, le maïs, le bouillon de légumes et laissez cuire 10 minutes à petit feu en couvrant. Assaisonnez avec la noix de muscade.
- Mixez finement le tout puis passez le mélange au chinois pour retirer les peaux de maïs restantes. Ajoutez la crème fraîche, mélangez bien et servez.

Mon conseil

Selon la consistance désirée, jouez sur la quantité de bouillon de légumes : un peu plus de bouillon pour une soupe, un peu moins pour une purée !

CREVETTES AU CURRY (INDE)

Dès 18 mois

Ingrédients : *40 g de crevettes fraîches ; 70 g de concentré de tomates ; 40 ml de lait de coco ; 1 c. à c. d'huile d'olive ; ¼ d'oignon blanc ; ½ gousse d'ail ; coriandre, cumin et curcuma en poudre ; quelques feuilles de coriandre fraîche.*

- Pelez l'oignon, émincez-le et faites-le revenir avec l'huile d'olive dans une casserole pour le rendre translucide. Ajoutez les feuilles de coriandre (gardez-en quelques-unes pour la décoration), l'ail dégermé et pressé, puis les épices (1 pincée de chaque). Remuez bien. Ajoutez le concentré de tomates et le lait de coco. Mixez finement le tout, puis reversez-le dans la casserole.
- Décortiquez les crevettes, ajoutez-les à la préparation et laissez mijoter 10 minutes.
- Versez dans une assiette creuse, décorez avec le reste des feuilles de coriandre et servez.

Mon conseil

Pour les plus petits qui commencent juste à manger les morceaux, pensez à couper les crevettes en petits tronçons avant de leur servir, accompagnées de riz ou de petites pâtes en étoile, selon les goûts.

Petites nouilles chinoises aux légumes et au poulet

Dès 18 mois

Ingrédients : *100 g de vermicelles de soja ; 50 g de haricots mange-tout ; 3 ou 4 petits champignons de Paris ; 1 petit oignon nouveau ; 30 g de pousses de soja ; 40 g de blanc de poulet ; quelques brins de ciboulette ; 50 cl de bouillon de légumes ; 1 c. à c. de sauce soja sucrée.*

- Lavez les haricots et les champignons. Coupez le pied des champignons. Pelez l'oignon et coupez-le en quatre. Rincez et égouttez les pousses de soja. Mixez-les tous ensemble bien finement.
- Coupez le poulet en petits dés d'1 cm de côté.
- Faites chauffer le bouillon de légumes dans une casserole puis plongez les vermicelles ainsi que les légumes et les morceaux de poulet. Laissez cuire le tout 10 minutes à petits bouillons. Égouttez. Versez dans une assiette creuse. Assaisonnez avec la sauce de soja et la ciboulette ciselée. Servez.

Mon conseil

Certains préféreront déguster cette recette sous forme de bouillon aux nouilles et au poulet, qui est peu évidente à manger pour les plus petits.

PETIT PORRIDGE ET SA COMPOTÉE DE POMME (ANGLETERRE)

Dès 18 mois

Ingrédients : *50 g de flocons d'avoine ; 150 ml de lait de croissance ; 2 c. à c. de sucre ; 1 pomme ; 2 pincées de cannelle.*

- Épluchez et coupez la pomme en petits dés. Faites-la cuire avec la cannelle dans une casserole à feu doux avec 2 c. à s. d'eau pour éviter qu'elle n'attache au fond. Couvrez.
- Préparez le porridge : faites chauffer le lait infantile puis versez les flocons d'avoine en pluie. Mélangez bien et faites cuire 5 minutes à feu doux. Lorsque le porridge est cuit, ajoutez le sucre, mélangez puis versez dans une assiette creuse. Faites un puits pour y déposer la compotée de pomme. Servez tiède ou froid selon les goûts de Bébé.

Mon conseil

On utilise ici du lait de croissance mais pour toute la famille rien ne vous empêche d'utiliser du lait entier classique.

PASKA ET SA COMPOTÉE DE FRAISES (RUSSIE)

Dès 18 mois

Ingrédients : *150 g de faisselle ; 100 g de fraises ; 1 jaune d'œuf ; 10 g de sucre vanillé ; 1 c. à s. de crème fraîche ; 10 g de beurre ; 1 c. à c. d'amandes en poudre ; 1 c. à s. de raisins de Corinthe ; quelques fruits confits en dés.*

- Mettez la faisselle dans un tamis et laissez-la s'égoutter la veille, pendant la nuit.
- Mélangez vivement le jaune d'œuf avec le sucre, pour que le mélange blanchisse. Ajoutez les amandes en poudre, le beurre ramolli, la crème fraîche et mélangez bien pendant 5 à 6 minutes. Le mélange doit être lisse. Quand la faisselle est suffisamment égouttée, incorporez-la et mélangez soigneusement.
- Mixez finement les fruits confits (gardez-en quelques-uns pour la décoration) et les raisins de Corinthe et incorporez-les dans le mélange que vous placerez dans une mousseline, puis dans un chinois, et que vous laisserez s'égoutter 2 heures au réfrigérateur.
- Lavez puis équeutez les fraises, coupez-les puis faites-les cuire à feu très doux dans une casserole pendant 10 minutes. Mixez-les.
- Démoulez la paska, versez dessus la compotée de fraises refroidie et décorez avec le reste de fruits confits. Servez.

Tiramisu facile aux fraises (Italie)

Dès 18 mois

Ingrédients : *1 financier ; 150 g de fraises ; 20 g de sucre ; 10 ml d'eau ; 1 jaune d'œuf ; 50 g de mascarpone.*

- Lavez et équeutez les fraises. Mixez-en la moitié avec 1 c. à c. de sucre et de l'eau, faites-les cuire 10 minutes dans une casserole, à petit feu. Réservez.
- Coupez le restant des fraises en petits dés. Faites blanchir le jaune d'œuf avec le restant de sucre. Ajoutez le mascarpone et faites un mélange homogène.
- Coupez le financier en deux dans le sens de l'épaisseur, trempez-le dans le sirop de fraises. Placez une première moitié du biscuit imbibé dans une verrine, recouvrez du mélange mascarpone-fraises. Renouvelez l'opération. Placez au frais au moins 1 heure avant de servir.

Mon conseil

Avec l'apport de l'œuf et la mascarpone, ce dessert est riche en protéines et produit laitier… À compléter avec quelques carottes râpées en entrée et un plat uniquement à base de légumes.

SA PREMIÈRE PAËLLA (ESPAGNE)

Dès 18 mois

Ingrédients : *20 g de blanc de poulet ; 20 g de moules cuites surgelées ; 20 g de crevettes roses cuites et décortiquées ; 20 g de petits pois surgelés ; 30 g de poivron rouge ; ½ oignon blanc ; 50 g de riz rond ; 1 pincée de safran ; 1 c. à s. d'huile d'olive ; bouillon de légumes.*

- Pelez et émincez l'oignon, faites-le revenir à l'huile d'olive dans une poêle, pour le rendre translucide.
- Rincez le riz rond puis versez-le dans la poêle. Il doit également devenir translucide. Ajoutez un peu de bouillon de légumes, laissez le riz absorber le bouillon tout en remuant. Renouvelez l'opération jusqu'à ce que le riz soit moelleux et la texture crémeuse.
- Lavez le poivron et coupez-le en petits dés. Versez les petits pois et le poivron sur le riz. Prolongez la cuisson 5 minutes. Ajoutez les moules, les crevettes et le poulet détaillé en petits dés. Assaisonnez avec les épices, mélangez bien et laissez mijoter à feu très doux 10 minutes.
- Versez la paella dans une assiette creuse et servez.

Bircher tropical (Suisse)

Dès 18 mois

Ingrédients : *50 g de müesli nature ; 1 yaourt nature ; 1 c. à s. de miel ; ¼ de banane ; 1 c. à c. de mangue fraîche ; ¼ de kiwi.*

- Mélangez le müesli nature avec le yaourt. Laissez reposer 1 heure afin que le müesli s'imprègne bien. Ajoutez les fruits, épluchés et coupés en petits dés, le miel et mélangez bien. Servez.

Mon conseil

Le bircher, traditionnellement servi au petit déjeuner, peut être décliné avec d'autres fruits (orange, pomme, poire, fruits rouges…) et on peut également remplacer le miel par du sirop d'érable.

Knüdle aux pommes (Allemagne)

Dès 18 mois

Ingrédients (pour toute la famille !) : *400 g de farine ; 500 g de pommes ; 3 œufs ; ½ c. à c. de sel ; 1 c. à s. de sucre en poudre ; 15 cl de lait ; 30 g de beurre fondu ; ½ c. à c. de cannelle.*

- Épluchez les pommes et coupez-les en morceaux. Mixez-les.
- Mélangez les œufs, le sel et le sucre. Ajoutez le lait et le beurre fondu. Incorporez la farine et mélangez jusqu'à obtenir une pâte lisse et homogène. Puis ajoutez les pommes.
- Portez une grande casserole d'eau à ébullition. Prenez 2 c. à s. de pâte et formez une boulette que vous plongez dans une eau frémissante. Si la boulette a tendance à se défaire, ajoutez un peu de farine au mélange.
- Formez des boulettes jusqu'à épuisement de la pâte, plongez-les dans la casserole et laissez-les cuire 15 minutes dans l'eau frémissante. Attention, n'en mettez pas trop à la fois dans la casserole, si elles sont trop serrées elles risquent de se défaire.
- Égouttez-les, disposez-les dans un plat et saupoudrez-les de cannelle et de sucre. Servez-les tièdes.

Petites tapas pour faire comme les grands…

Une occasion particulière de faire la fête ? Hors de question d'exclure Bébé de ces moments privilégiés où l'on grignote du bout des doigts les saveurs les plus variées.

Vers 18 mois et plus, il a déjà découvert les morceaux, il commence à manger tout seul, il sait mâcher et se servir de sa cuillère… et surtout de ses dix doigts ! Alors proposez-lui, en guise de repas, des tapas, ses petits mets variés, colorés et rigolos qui lui permettront de découvrir les légumes et les crudités autrement et surtout d'une des manières les plus ludiques qui soit !

Il en fera son repas et se régalera !

Devant des tapas variées, il piochera de-ci de-là, au gré de ses envies… Incitez-le à goûter, par mimétisme, pour lui montrer que tout est bon, sans jamais le forcer. S'il n'a pas l'air d'aimer, tant pis, vous essaierez une autre fois.

Ajustez les quantités des recettes en fonction du nombre de convives et surtout du nombre de variétés de tapas proposées. Essayez de repérer celles que votre enfant préfère, pour les lui proposer une prochaine fois.

Mon conseil

Choisissez les différents tapas en pensant à son équilibre : un peu de protéines, des légumes, du fromage et terminez son repas par un fruit ou une compote.

Premiers tapas

Tapas de patatas

Dès 18 mois

Ingrédients : *200 g de pommes de terre (2 moyennes) ; 40 g de thon au naturel ; 20 g d'emmental râpé ; 1 c. à c. d'huile d'olive ; 1 c. à s. de crème fraîche ; quelques brins de ciboulette ; 50 g de baguette tradition.*

- Épluchez et lavez les pommes de terre. Faites-les cuire 15 minutes dans une casserole d'eau bouillante.
- Pendant ce temps, mélangez le thon émietté et la crème. Coupez quelques tranches fines de baguette que vous imbibez d'huile d'olive.
- Lorsque les pommes de terre sont cuites, coupez-les en tranches fines. Déposez une tranche sur chaque rondelle de baguette, étalez dessus le mélange au thon et parsemez d'emmental.
- Faites gratiner les tartines quelques minutes au four puis décorez chacune avec la ciboulette ciselée. Servez.

TAPAS FRAISE ET CHÈVRE

Dès 18 mois

Ingrédients : *40 g de fromage de chèvre frais type picodon ; 40 g de jambon de Bayonne en chiffonnade ; 4 ou 5 fraises ; 50 g de baguette tradition.*

- Coupez quelques tranches très fines de baguette. Recouvrez-les de chiffonnade de jambon puis d'une tranche fine de fromage de chèvre. Passez les tartines au four quelques minutes pour les faire gratiner. Sortez-les du four, laissez-les un peu refroidir.
- Pendant ce temps, lavez les fraises, équeutez-les et coupez-les en petites tranches. Déposez-les sur les tartines refroidies et servez… Un vrai délice !

Crêpe en tapas

Dès 18 mois

Ingrédients : *1 crêpe de sarrasin (précuite en sachet) ; 50 g d'épinards hachés surgelés ; 20 g d'emmental râpé.*

- Décongelez les épinards au micro-ondes. Dans une poêle à feu moyen, faites réchauffer la crêpe, étalez dessus les épinards hachés, parsemez d'emmental. Roulez la crêpe et laissez-la chauffer quelques minutes pour laisser fondre le fromage.
- Déposez la crêpe dans une assiette, coupez en tronçons et servez comme des tapas. Un moyen ludique de faire aimer les épinards aux enfants…

Tartines de champignons

Dès 18 mois

Ingrédients : *100 g de tomates cerise ; 100 g de champignons de Paris ; 1 échalote ; 1 c. à c. d'huile d'olive ; 50 g de baguette tradition.*

- Préchauffez votre four à 120 °C (th. 4).
- Lavez les tomates et les champignons. Coupez les pieds des champignons. Épluchez l'échalote et coupez-la en quatre.
- Coupez les tomates cerise en deux et passez-les 30 minutes au four pour les faire sécher.
- Pendant ce temps, mixez les champignons avec l'échalote et faites-les revenir à l'huile d'olive dans une poêle à feu moyen.
- Coupez la baguette en fines tranches, faites-les légèrement dorer au grille-pain. Tartinez-les avec 1 cuillerée de champignons et décorez avec une demi-tomate cerise. Servez.

Mon conseil

Pour gagner du temps, on peut trouver des morceaux de tomates confites ou séchées en épicerie.

CANAPÉS VERT ET ROSE

Dès 18 mois

Ingrédients : *1 avocat bien mûr ; 50 g de miettes de crabe ; le jus d'½ citron vert ; mélange aux 5 baies en moulin ; quelques brins de ciboulette ; quelques tranches de pain de mie.*

- Coupez l'avocat en deux, retirez le noyau et la peau et passez la chair au mixeur. Ajoutez le jus de citron et donnez un tour de moulin du mélange aux 5 baies. Coupez les tranches de pain de mie en quatre et tartinez-les de pâte d'avocat. Déposez quelques miettes de crabe et terminez avec des brins de ciboulette. Effet garanti !

Mon conseil

Vous pouvez varier ce canapé en remplaçant le pain de mie par des miniblinis et les miettes de crabe par une crevette rose décortiquée.

TARTINADE DE RADIS AU FROMAGE BLANC

Dès 18 mois

Ingrédients : *100 g de radis roses ; 2 fanes de radis ; 150 g de fromage blanc ; 1 c. à c. de sucre en poudre ; quelques tranches de pain de mie.*

- Lavez et équeutez les radis. Lavez les fanes. Mixez l'ensemble plus ou moins finement. Dans un bol, mélangez le fromage blanc, le sucre et la purée de radis.
- Servez frais accompagné de tranches de pain de mie légèrement toastées.

Mes conseils

Choisissez de préférence des petits radis ronds, qui piquent rarement, vous n'aurez alors pas besoin de rajouter du sucre.

Vous pouvez remplacer le fromage blanc par un fromage frais (type Saint-Moret), tout aussi délicieux…

TARTINADE DE POIVRON AU PARMESAN

Dès 18 mois

Ingrédients : *½ poivron rouge ; 100 g de feta ; 1 gousse d'ail ; 1 c. à s. de parmesan ; 50 g de baguette tradition.*

- Préchauffez votre four à 180 °C (th. 6).
- Lavez, coupez et retirez les pépins du demi-poivron. Passez-le au four 20 minutes afin de pouvoir retirer la peau. Épluchez la gousse d'ail et écrasez-la au presse-ail.
- Mixez le poivron, l'ail et la feta jusqu'à obtenir une purée lisse.
- Coupez la baguette en petites tranches, passées ou non au grille-pain, et déposez sur chacune une cuillerée du mélange. Saupoudrez avec un peu de parmesan et servez.

DIP DE COURGETTE

Dès 18 mois

Ingrédients : *150 g de courgette (1 moyenne) ; 100 g de fromage frais ; 1 gousse d'ail ; 1 c. à s. d'amandes émondées ; 1 c. à s. d'huile d'olive ; mélange aux 5 baies en moulin.*

- Lavez la courgette, retirez les extrémités, coupez-la en deux et retirez les pépins à l'aide d'une cuillère. Faites-la cuire 15 minutes au panier vapeur.
- Placez la courgette dans un mixeur, avec l'ail dégermé, les amandes, l'huile d'olive, le fromage frais et après avoir donné un tour de moulin du mélange aux 5 baies. Mixez en purée lisse. Versez le tout dans un bol et réservez au frais.
- Servez accompagné de gressins.

Tortillas de tomates mozzarella au basilic

Dès 18 mois

Ingrédients : *100 g de tomate (1 petite) ; 1 petite boule de mozzarella ; quelques feuilles de basilic ; 2 tortillas de blé.*

- Lavez et coupez la tomate en dés. Égouttez la mozzarella et coupez-la en petits morceaux. Lavez et ciselez le basilic.
- Coupez chaque tortilla en quatre parts égales. Déposez au centre de chaque part de la mozzarella, des dés de tomate et parsemez de basilic. Repliez chaque tortilla sur elle-même et maintenez-la fermée avec un cure-dent.
- Passez-les 5 minutes au four, laissez un peu refroidir et servez.

Mon conseil

Une manière ludique de découvrir la classique tomate mozzarella… Cette recette peut également être servie froide : seule la tortilla est chauffée avant le garnissage.

TZATZIKI POUR PICORER

Dès 18 mois

Ingrédients : *½ concombre ; 1 gousse d'ail ; quelques feuilles de coriandre fraîche ; quelques feuilles de menthe ; 1 c. à s. d'huile d'olive ; 1 yaourt grec au lait de brebis ; sel ; quelques miniblinis.*

- Épluchez le concombre. Coupez-le en deux, retirez les pépins à l'aide d'une cuillère puis coupez-le en petits dés. Déposez-le dans une assiette, salez puis laissez dégorger ½ heure au réfrigérateur.
- Rincez le concombre afin d'éliminer le sel, égouttez-le et placez-le dans un saladier. Ajoutez les feuilles de menthe et de coriandre ciselées, l'huile d'olive, l'ail pressé et mélangez bien. Ajoutez le yaourt grec à cette préparation. Mélangez. Servez accompagné de blinis tièdes.

Mon conseil

Idéal en apéritif pour les tout-petits. Vous pourrez également le proposer en entrée, en guise de crudité, le yaourt grec faisant alors office de laitage pour le repas.

CAVIAR D'AUBERGINE

Dès 18 mois

Ingrédients : *200 g d'aubergine (1 moyenne) ; 1 gousse d'ail ; 1 c. à s. d'huile d'olive ; 1 c. à s. de jus de citron ; 3 ou 4 tomates cerise ; quelques feuilles de basilic.*

- Épluchez l'aubergine, coupez-la en deux, retirez les pépins. Faites-la cuire 10 minutes à la vapeur. Mixez-la en purée lisse. Réservez-la dans un bol et ajoutez le jus de citron, l'huile d'olive et l'ail pressé.
- Lavez les tomates cerise, coupez-les en quatre et décorez le caviar avec. Parsemez de basilic ciselé. Servez très frais sur des tranchettes de baguette, grillées ou non.

Minitartines de tomates

Dès 18 mois

Ingrédients : *1 petite boîte de concentré de tomates ; 1 c. à c. d'huile d'olive ; 1 petit oignon frais ; quelques feuilles de basilic ; quelques tranches fines de pain de campagne.*

- Pelez et coupez l'oignon. Mixez-le avec le concentré de tomates, le basilic et l'huile d'olive. Le mélange doit être lisse et homogène.
- Passez les tranches de pain de campagne au grille-pain, coupez-les en quartiers puis tartinez-les avec la pâte de tomates obtenue. Bébé va se régaler !

Mon conseil

Si vous accompagnez ces tartines de jambon roulé au fromage, Bébé pourra se débrouiller tout seul pendant son repas !

Miniwraps aux crudités

Dès 2 ans

Ingrédients : *2 tortillas de blé ; 50 g de tomates cerise ; 50 g de carotte nouvelle (1 toute petite) ; 3 belles feuilles de laitue ; 30 g de pousses de soja ; 1 c. à c. de crème fraîche.*

- Lavez les tomates cerise, coupez-les en petits dés. Épluchez et lavez la carotte, coupez-la en julienne. Lavez les feuilles de laitue, séchez-les à l'aide de papier absorbant puis ciselez-en une. Coupez les deux autres dans le sens de la longueur.
- Coupez les tortillas en deux (les wraps ne doivent pas être trop grands) puis garnissez-les : déposez une demi-feuille de laitue, recouvrez avec la crème, ajoutez les dés de carotte, de tomates, la laitue ciselée et les pousses de soja.
- Repliez en premier le bord arrondi, enroulez le wrap et maintenez-le fermé à l'aide d'un pic en bois. Servez frais.

Mon conseil

En cas d'intolérance au gluten, utilisez des tortillas de maïs, après avoir toutefois vérifié l'absence totale de gluten dans leur composition.

Petits wraps aux légumes grillés

Dès 2 ans

Ingrédients : *2 tortillas de blé ; ½ poivron rouge ; ½ poivron vert ; 1 oignon nouveau ; 50 g de carotte (1 toute petite) ; 50 g de champignons de Paris ; 30 g de cheddar râpé ; quelques feuilles de basilic ; 1 c. à c. d'huile d'olive.*

- Lavez les poivrons, retirez les pépins et coupez-les en fines lanières. Épluchez et ciselez l'oignon. Épluchez, lavez et râpez la carotte. Lavez les champignons, coupez leurs pieds et débitez-les en dés.
- Faites revenir tous les légumes dans une poêle à l'huile d'olive. Réservez. Passez les tortillas quelques secondes au micro-ondes pour les faire ramollir. Garnissez-les avec les légumes, du cheddar et du basilic ciselé.
- Enroulez les tortillas en les maintenant très serrées dans du papier alimentaire. Placez-les au réfrigérateur. Servez très frais après les avoir coupées en tronçons, en diagonale.

Mon conseil

Les wraps sont une astuce ludique pour faire savourer des légumes cuits ou crus aux enfants. Mais attention à ne pas trop les garnir pour que la taille soit adaptée aux petites menottes et aux petits becs.

Annexes

Rythme d'introduction des aliments

	4 à 6 mois	6 à 8 mois	9 à 12 mois	À partir d'1 an	À partir de 18 mois
Produits laitiers	Lait maternel Lait 1er âge ou lait 2e âge	Laitages (yaourt, fromage blanc, faisselle, petit-suisse)	Lait de croissance Fromage mou en petits morceaux	Entremets sucrés (occasionnellement) Fromage à pâte dure	Entremets au chocolat
Fruits	Quelques cuillerées à café : fruits bien mûrs mixés ou compotes sans morceaux (pommes, poires, framboises, bananes)		Fruits en petits morceaux bien mûrs) Fruits crus	Fruits exotiques	Fruits secs en poudre
Légumes	Quelques cuillerées à café ou dans un biberon de lait	Légumes tendres, bien cuits, mixés Éviter la peau et les pépins	Plats composés, mélanges de légumes	Choux Initiation aux crudités	Légumes secs en purée
Légumes	Ou bouillon de légumes pour préparation du lait en poudre				
Féculents et produits céréaliers	Un peu de pomme de terre pour lier les purées Céréales sans gluten	Céréales en farine Pain Biscuits occasionnellement	Petites pâtes Riz Semoule de blé… en fonction des capacités de mastication Premières tartines		

…/…

	4 à 6 mois	**6 à 8 mois**	**9 à 12 mois**	**À partir d'1 an**	**À partir de 18 mois**
Viandes, poissons, œufs	Non	Viandes blanches, jambon blanc, poissons blancs vers 7/8 mois	Toutes les viandes sauf abats et viande de cheval Tous les poissons (sauf poissons riches en mercure) Jaune d'œuf	Blanc d'œuf Limiter la quantité de viande Limiter la charcuterie Coquillages et crustacés à partir de 18 mois	
Matières grasses ajoutées	Non	Huile d'olive, huile de colza Beurre, crème En petites quantités			
Produits sucrés	À éviter le plus possible, chocolat à partir de 12/18 mois Limiter le sucre pur dans les laitages Miel à partir de 12 mois				
Boisson	Eau pure				

Premiers aliments de Bébé

De 4 à 6 mois

Produits laitiers		
LAIT 1ER ÂGE	**Jusqu'à quel âge ?**	Jusqu'à 5 mois
LAIT 1ER ÂGE	**Quelles quantités ?**	180 ml et 240 ml en fonction des repas et de l'appétit de l'enfant.
LAIT 1ER ÂGE	**Comment le préparer ?**	Lait en poudre : utiliser une eau faiblement minéralisée.
LAIT 1ER ÂGE	**Pourquoi en donner ?**	Apporte eau, protéines, vitamines, calcium, fer nécessaires à la croissance.
LAIT 1ER ÂGE	**À éviter**	Les laits demi-écrémés ou les laits de consommation courante non adaptés à la croissance, risques de carences. Les laits à base de soja (sauf avis médical).
LAIT 2E ÂGE	**Jusqu'à quel âge ?**	À partir de 5 mois
LAIT 2E ÂGE	**Quelles quantités**	180 ml et 240 ml en fonction des repas et de l'appétit de l'enfant.
LAIT 2E ÂGE	**Comment le préparer ?**	Lait en poudre : utiliser une eau faiblement minéralisée ou l'équivalent en bouillon de légumes. La stérilisation des biberons n'est plus nécessaire.
LAIT 2E ÂGE	**Pourquoi en donner ?**	Apporte eau, protéines, vitamines, calcium, fer nécessaires à la croissance.
LAIT 2E ÂGE	**À éviter**	Les laits demi-écrémés ou les laits de consommation courante non adaptés à la croissance, risques de carences. Les laits à base de soja (sauf avis médical).

…/…

Fruits		
Pommes, poires, bananes, coings, fruits rouges, nectarines	**Comment les choisir ?**	Fruits de saison, bien mûrs. Hors saison, surgelés. En fonction du transit (banane/pomme coing en cas de diarrhée, pruneau/poire en cas de constipation).
	Quelles quantités ?	Quelques cuillerées à café en fonction de l'appétit de l'enfant. Jusqu'à 100 g (ou l'équivalent d'un petit fruit).
	Comment les préparer ?	Cuits, en compote. Frais, pelés et mixés. En petits morceaux à manger tout seul en fonction de la dentition de Bébé. Texture bien lisse et sans pépins.
	Pourquoi en donner ?	Apport de vitamines et minéraux. Apprentissage de la cuillère. Nouveaux goûts.
	À éviter	Les fruits exotiques avant 1 an, les oléagineux, les fruits secs (risques d'allergies). Attention aux fraises et aux kiwis, tester la tolérance.
Légumes		
Légumes variés	**Comment les choisir ?**	De saison ou surgelés. En fonction du transit.
	Quelles quantités ?	Quelques cuillerées à café ou dans un biberon de lait (choisir une tétine adaptée à la texture).
	Comment les préparer ?	Lavés, épluchés, sans pépins. Cuits à la vapeur ou à l'eau. Mixés finement.
	Pourquoi en donner ?	Apport de vitamines et minéraux. Apprentissage de la cuillère. Nouveaux goûts.
	À éviter	Les choux de Bruxelles, chou rouge avant 1 an, tester la tolérance intestinale.
Féculents		
Pommes de terre	**Quelles quantités ?**	½ pomme de terre.
	Comment les préparer ?	Lavées, épluchées, cuites à la vapeur, mixées.

.../...

Pommes de terre	**Pourquoi en donner ?**	Donnent de la consistance aux purées de légumes. Apport de minéraux et de sucres lents en remplacement des céréales.
	À éviter	Les légumes secs avant 18 mois.
Produits céréaliers		
Céréales	**Comment les choisir ?**	Céréales infantiles en poudre sans gluten.
	Quelles quantités ?	20 g de céréales par jour.
	Comment les préparer ?	Dans le biberon du matin OU du soir si l'enfant mange peu.
	Pourquoi en donner ?	Apports de sucres lents nécessaires à la croissance.
	À éviter	Céréales contenant du gluten (blé, orge, avoine, seigle) pouvant provoquer des intolérances.
Viandes, poissons, œufs		
Non. Pour ne pas surcharger son organisme, le lait infantile apporte les protéines et le fer nécessaires à la croissance.		
Matières grasses ajoutées		
Non. Pour ne pas surcharger son organisme, le lait infantile apporte les acides gras essentiels et les vitamines liposolubles nécessaires à la croissance.		
Produits sucrés		
Sans urgence. Le goût naturellement sucré du lait convient très bien aux enfants.		
Boissons		
Eau	**Comment la choisir ?**	Pure, faiblement minéralisée ou choisie sur conseil médical.
	Quelles quantités ?	À volonté. Ne pas en donner juste avant les repas, cela pourrait couper l'appétit de l'enfant. En proposer régulièrement en cas de fièvre ou de forte chaleur, de chauffage trop important, de voyages…
	À éviter	Boissons sucrées. Attention : les jus de fruits doivent être considérés comme des aliments, donc à donner à la place d'une compote. **Interdit :** sodas, café, thé, alcool…

De 6 à 8 mois

Produits laitiers		
Lait 2e âge	**Comment le choisir ?**	En poudre. Liquide.
	Quelles quantités ?	Poudre : 180 à 240 ml (en fonction de l'appétit de l'enfant). Liquide : 250 ml environ.
	Comment le préparer ?	Lait en poudre, utiliser une eau faiblement minéralisée (7 mesures pour 210 ml d'eau) ou bouillon de légumes.
	Pourquoi en donner ?	Apporte eau, protéines, vitamines, calcium, fer nécessaires à la croissance.
	À éviter	Les laits demi-écrémés ou les laits de consommation courante, non adaptés à la croissance, risques de carences.
Produits laitiers	**Comment les choisir ?**	Yaourts, petits-suisses, fromages blancs à base de lait infantile.
	Quelles quantités ?	De ½ à 1 yaourt, 1 à 2 petits-suisses, quelques cuillerées à café de fromage blanc. Besoin d'un produit laitier par repas (ou 180 à 240 ml de lait).
	Comment les préparer ?	Nature de préférence ou sucré par vos soins ou inclus dans une recette.
	Pourquoi en donner ?	Apport de calcium. Pour varier les goûts et les textures.
	À éviter	Les laitages présucrés. Les produits laitiers allégés (sauf avis médical).
Fromages	**Comment le choisir ?**	Fromage à pâte dure râpé, fromage à pâte molle en lamelles.
	Quelles quantités	1 grosse pincée de fromage râpé ou 15 g de fromage de temps en temps (pas plus d'une fois par jour).
	Comment le préparer ?	Inclure dans la purée ou laisser Bébé le grignoter en fin de repas.

.../...

Fromages	**Pourquoi en donner ?**	Apport de calcium. Pour varier les goûts et les textures.
	À éviter **À retirer**	Les laitages présucrés. Les produits laitiers allégés (sauf avis médical).
	Fruits	
Tous	**Comment les choisir ?**	Fruits de saison bien mûrs. Hors saison, fruits surgelés. Les fruits rouges et exotiques s'il n'y a pas de risques d'allergie. En fonction du transit.
	Quelles quantités ?	L'équivalent de 100 g de compote, 1 à 2 fois par jour.
	Comment les préparer ?	Cuits en compote. Frais pelés et mixés. Texture bien lisse et sans pépins.
	Pourquoi en donner ?	Apport de vitamines et minéraux. Apprentissage de la cuillère. Nouveaux goûts.
	À éviter	Les fruits oléagineux, les fruits secs (risques d'allergies et de fausse route).
	Légumes	
Tous	**Comment les choisir ?**	De saison ou surgelés. En fonction du transit.
	Quelles quantités ?	En purée, à la cuillère ou en biberon suivant l'appétit de l'enfant.
	Comment les préparer ?	Lavés, épluchés, sans pépins. Cuits à la vapeur ou à l'eau. Mixés finement.
	Pourquoi en donner ?	Apport de vitamines et minéraux. Apprentissage de la cuillère. Nouveaux goûts.
	À éviter	Les choux : tester la tolérance.

.../...

Féculents		
Pommes de terre	**Quelles quantités ?**	½ à 1 pomme de terre. Attention, pas de repas uniquement à base de pomme de terre, trop énergétique pour le moment.
	Comment les préparer ?	Lavées, épluchées, cuites à la vapeur, mixées.
	Pourquoi en donner ?	Donnent de la consistance aux purées de légumes. Apport de minéraux et sucres lents.
	À éviter	Les fritures.
Produits céréaliers		
Céréales	**Comment les choisir ?**	Céréales infantiles en poudre sans gluten en cas d'intolérance. Blé, tapioca, Floraline en bouillie.
	Quelles quantités ?	20 g de céréales 1 à 2 fois par jour.
	Comment les préparer ?	Dans le biberon du matin et/ou dans une bouillie accompagnant la purée de légumes et/ou en dessert.
	Pourquoi en donner ?	Apports de sucres lents nécessaires à la croissance.
	À éviter	Les céréales complètes, qui peuvent irriter les intestins. Les céréales en graines, encore difficiles à mâcher (pâtes, riz, maïs…).
Viandes, poissons, œufs		
Viandes, poissons, œufs	**Comment les choisir ?**	Viandes : très tendres, peu grasses (filet, blanc de poulet, jambon blanc). Poissons : cabillaud, sole, colin. Jaune d'œuf : uniquement choisi extra-frais.
	Quelles quantités ?	10 g à 6 mois (2 c. à c.). 15 à 20 g vers 8 mois. ½ jaune d'œuf.
	Comment les préparer ?	Viandes et poissons cuits au court-bouillon ou à la vapeur avec les légumes, cuisson sans matière grasse. Jaune d'œuf cuit dur.

…/…

VIANDES, POISSONS…	**Pourquoi en donner ?**	Apport en protéines et en fer intéressant lorsque les apports en lait diminuent.
	À éviter	Viande de cheval, abats et charcuterie, viande en panure. Les poissons autres que ceux mentionnés avant 8 mois.
Matières grasses ajoutées		
BEURRE DOUX, HUILES VÉGÉTALES	**Comment les choisir ?**	Beurre : doux uniquement. Huiles : olive et colza (les varier).
	Quelles quantités ?	1 c. à c. de chaque par jour, uniquement aux repas qui ne contiennent pas de lait infantile.
	Comment les préparer ?	À utiliser uniquement crues, en ajout dans une purée.
	Pourquoi en donner ?	Apport d'acides gras essentiels et de vitamines A et E nécessaires à la croissance.
	À éviter	Fritures, aliments sautés à la poêle, matières grasses hydrogénées (lire les étiquettes), huiles d'arachide (allergénique) et de tournesol (trop riche en acides gras oméga 6).
Produits sucrés		
Sans urgence : le goût naturellement sucré du lait convient très bien aux enfants.		
Boissons		
EAU	**Comment la choisir ?**	Eau pure, faiblement minéralisée ou choisie sur conseil médical.
	Quelles quantités ?	À volonté. Ne pas en donner juste avant les repas, cela pourrait couper l'appétit de l'enfant. En proposer régulièrement en cas de fièvre ou de forte chaleur, de chauffage trop important, de voyages…
	À éviter	Boissons sucrées. Attention : les jus de fruits doivent être considérés comme des aliments, donc à donner à la place d'une compote. **INTERDIT :** sodas, café, thé, alcool…

De 8 à 12 mois

Produits laitiers		
LAIT 2E ÂGE	**Comment le choisir ?**	Liquide (lait de croissance) ou en poudre.
	Quelles quantités ?	180 à 240 ml environ.
	Pourquoi en donner ?	Apporte eau, protéines, vitamines, calcium, fer nécessaires à la croissance.
	À éviter	Les laits demi-écrémés, laits végétaux ou les laits de consommation courante.
PRODUITS LAITIERS	**Comment les choisir ?**	Yaourts, petits-suisses, fromages blancs à base de lait infantile.
	Quelles quantités ?	De ½ à 1 yaourt, 1 à 2 petits-suisses, quelques cuillerées à café de fromage blanc. 1 produit laitier à chaque repas, à la place du biberon.
	Comment les préparer ?	Nature de préférence ou sucrés par vos soins ou inclus dans une recette.
	Pourquoi en donner ?	Apport de calcium. Pour varier les goûts et les textures.
	À éviter	Les laitages à base de lait de soja, souvent moins riches en calcium (sauf sur avis médical). Les laitages présucrés. Les produits laitiers allégés (sauf avis médical).
FROMAGES	**Comment le choisir ?**	Fromage à pâte dure râpé, fromage à pâte molle en lamelles.
	Quelles quantités ?	1 grosse pincée de fromage râpé ou 20 g de fromage de temps en temps (1 fois par jour) à la place du laitage.
FROMAGES	**Comment le préparer ?**	Inclure dans la purée ou laisser Bébé le grignoter en fin de repas.
	Pourquoi en donner ?	Apport de calcium. Pour varier les goûts et les textures.
	À éviter **À supprimer**	Les laitages présucrés. Les produits laitiers allégés (sauf avis médical).

.../...

	Fruits	
Tous	**Comment les choisir ?**	Fruits de saison bien mûrs. Hors saison, fruits surgelés. En fonction du transit.
	Quelles quantités ?	L'équivalent de 100 g de compote, 2 fois par jour.
	Comment les préparer ?	Cuits en compote. Frais pelés et mixés. En petits morceaux. En jus.
	Pourquoi en donner ?	Apport de vitamines et minéraux. Apprentissage de la cuillère. Nouveaux goûts.
	À éviter	Les fruits oléagineux, les fruits secs (risques d'allergies). Les fruits difficiles à mâcher (cacahuètes…) avec risque de fausse route.
	Légumes	
Tous	**Comment les choisir ?**	De saison ou surgelés. En fonction du transit.
	Quelles quantités ?	En purée, à la cuillère ou en biberon suivant l'appétit de l'enfant.
	Comment les préparer ?	Lavés, épluchés, sans pépins. Cuits à la vapeur ou à l'eau. Mixés, en petits morceaux ou écrasés.
	Pourquoi en donner ?	Apport de vitamines et minéraux. Apprentissage de la cuillère. Nouveaux goûts.
	À éviter	Les choux : tester la tolérance.

…/…

	Féculents	
Pommes de terre / Petites pâtes, semoule	**Comment les choisir ?**	En fonction de la taille et des capacités de mastication.
	Quelles quantités ?	1 pomme de terre ou 1 à 2 c. à s. de féculents cuits.
	Comment les préparer ?	Les pommes de terre épluchées, cuites à la vapeur, mixées ou écrasées plus ou moins grossièrement. Pâtes et semoule en accompagnement des légumes.
	Pourquoi en donner ?	Donnent de la consistance aux purées de légumes. Apport de minéraux et de sucres lents.
	À éviter	Les pâtes trop grosses ou les spaghettis, à moins de les recouper en petits morceaux.
	Produits céréaliers	
Céréales	**Comment les choisir ?**	Céréales infantiles en poudre. Blé, tapioca. Pain frais de boulanger. Petits biscuits à la cuillère.
	Quelles quantités ?	1 part de céréales 1 à 2 fois par jour en alternance avec le pain ou les biscuits.
	Comment les préparer ?	Dans le biberon du matin et/ou dans une bouillie accompagnant la purée de légumes et/ou en dessert.
	Pourquoi en donner ?	Apports de sucres lents nécessaires à la croissance.
	À éviter	Les céréales complètes qui peuvent irriter ses intestins.
	Viandes, poissons, œufs	
Viandes, poissons, œufs	**Comment les choisir ?**	Viandes : très tendres, peu grasses (filet, blanc de poulet, jambon blanc). Tous les poissons (sauf ceux riches en mercure tels que thon rouge, espadon, requin, etc.). Jaune d'œuf ou ½ œuf dur : uniquement choisi extra-frais
	Quelles quantités ?	Pas plus de 30 g jusqu'à 1 an au moins.

.../...

Viandes, poissons, œufs	**Comment les préparer ?**	Viandes et poissons cuits au court-bouillon ou à la vapeur avec les légumes, cuisson sans matière grasse. Jaune d'œuf cuit dur ou à la coque.
	Pourquoi en donner ?	Apport en protéines et en fer intéressant lorsque les apports en lait diminuent.
	À éviter	Viande de cheval. Abats et charcuterie. Viande en panure. Coquillages et crustacés.
Matières grasses ajoutées		
Beurre doux, huiles végétales	**Comment les choisir ?**	Beurre : doux uniquement. Huiles : olive et colza (les varier).
	Quelles quantités ?	1 c. à c. de chaque par jour, uniquement aux repas qui ne contiennent pas de lait infantile.
	Comment les préparer ?	À utiliser uniquement crues, en ajout dans une purée.
	Pourquoi en donner ?	Apport d'acides gras essentiels et de vitamines A et E nécessaires à la croissance.
	À éviter	Fritures, aliments sautés à la poêle, matières grasses hydrogénées (lire les étiquettes), huiles d'arachide (allergénique) et de tournesol (trop riche en acides gras oméga 6).
Produits sucrés		
Sans urgence. Attention aux barres chocolatées à base de lait : elles contiennent 4 fois plus de matières grasses, 2 fois plus de sucres et 3 fois moins de calcium et ne peuvent donc se substituer à un véritable produit laitier.		
Boissons		
Eau	**Comment la choisir ?**	Eau pure, faiblement minéralisée ou choisie sur conseil médical.
	Quelles quantités ?	À volonté. Ne pas en donner juste avant les repas, cela pourrait couper l'appétit de l'enfant. En proposer régulièrement en cas de fièvre ou de forte chaleur, de chauffage trop important, de voyages…
	À éviter	Boissons sucrées. Interdit : sodas, café, thé, alcool…

De 1 à 3 ans

Produits laitiers		
Lait de croissance	**Quelles quantités ?**	Le matin 150 à 240 ml environ en fonction de l'appétit et de la composition du repas.
	Comment le préparer ?	Nature ou avec ajout de 20 g de céréales infantiles.
	Pourquoi en donner ?	Apporte eau, protéines, vitamines, calcium, fer nécessaires à la croissance.
	À éviter	Les laits demi-écrémés ou les laits de consommation courante moins adaptés à l'évolution de l'enfant.
Produits laitiers	**Comment les choisir ?**	Yaourts, petits-suisses, fromages blancs à base de lait infantile.
	Quelles quantités ?	1 yaourt, 1 à 2 petits-suisses, 3 cuillères à soupe de fromage blanc. 1 apport laitier par repas (lait ou fromage ou laitage).
	Comment les préparer ?	Nature de préférence ou sucrés par vos soins ou inclus dans une recette.
	Pourquoi en donner ?	Apport de calcium. Pour varier les goûts et les textures.
	À éviter	Les laitages à base de lait de soja, souvent moins riches en calcium (sauf sur avis médical). Les laitages présucrés. Les produits laitiers allégés (sauf avis médical).
Fromages	**Comment les choisir ?**	Tous, en fonction des goûts de l'enfant.
	Quelles quantités ?	1 grosse pincée de fromage râpé ou 20 à 30 g de fromage 1 fois par jour.
	Comment le préparer ?	Inclure dans la purée ou laisser Bébé le grignoter en fin de repas.
	Pourquoi en donner ?	Apport de calcium. Pour varier les goûts et les textures.
	À éviter	Les produits laitiers allégés (sauf avis médical).

…/…

Fruits		
Tous	**Comment les choisir ?**	Fruits secs à partir de 18 mois. Fruits de saison bien mûrs. Hors saison, fruits surgelés. En fonction du transit.
	Quelles quantités ?	L'équivalent de 100 g de compote ou 1 petit fruit en morceaux, 2 fois par jour.
	Comment les préparer ?	Cuits en compote. Frais pelés et mixés. En petits morceaux. En jus.
	Pourquoi en donner ?	Apport de vitamines et de minéraux.
	À éviter	Les fruits difficiles à mâcher (cacahuètes…) avec risque de fausse route jusqu'à 4 ans.
Légumes		
Tous	**Comment les choisir ?**	De saison ou surgelés.
	Quelles quantités ?	En fonction de l'appétit et des recommandations du médecin.
	Comment les préparer ?	Cuits à la vapeur ou à l'eau. Mixés, en petits morceaux ou écrasés.
	Pourquoi en donner ?	Apport de vitamines et de minéraux. Apprentissage de la cuillère, puis de la fourchette.
	À éviter	Les légumes préparés du traiteur ou frits.
Crudités	**Comment les choisir ?**	Plutôt de saison, tendres (carottes, tomates épépinées, betterave, concombre…).
	Quelles quantités ?	En petites quantités, pour l'initiation, laisser l'enfant les picorer.
	Comment les préparer ?	En petits morceaux bien tendres, râpés, nature au début, puis assaisonnés (1 c. à c. de vinaigrette douce).
	Pourquoi en donner ?	Apport de vitamines et de minéraux. Nouveaux goûts.
	À éviter	Les crudités trop fermes et difficiles à mâcher : tomates cerise (risques de fausse route).

…/…

	Féculents	
Pommes de terre / Petites pâtes, semoule	**Comment les choisir ?**	En fonction de la taille et des capacités de mastication.
	Quelles quantités ?	En fonction de l'appétit et des recommandations du médecin.
	Comment les préparer ?	Les pommes de terre épluchées, cuites à la vapeur, mixées ou écrasées ou entières. Pâtes et semoule seules ou en accompagnement des légumes (légumes + féculents tous les jours, en alternance midi et soir).
	Pourquoi en donner ?	Donnent de la consistance aux purées de légumes. Apport de minéraux et de sucres lents nécessaires à la croissance.
	Produits céréaliers	
Céréales	**Comment les choisir ?**	Céréales infantiles en poudre. Blé, tapioca. Pain frais de boulanger. Petits biscuits.
	Quelles quantités ?	1 part de céréales 1 à 2 fois par jour en alternance avec le pain ou les biscuits.
	Comment les préparer ?	Dans le biberon du matin. En plat principal. En dessert.
	Pourquoi en donner ?	Apports de sucres lents nécessaires à la croissance.
	À éviter	Les céréales complètes (pain de son, seigle…) qui peuvent irriter ses intestins.
	Viandes, poissons, œufs	
Viandes, poissons, œufs	**Comment les choisir ?**	Viandes : très tendres, peu grasses (filet, blanc de poulet, jambon blanc). Tous les poissons. Œufs : uniquement choisis extra-frais. Coquillages et crustacés à partir de 18 mois.
	Quelles quantités ?	30 g à 50 g maximum.

…/…

VIANDES, POISSONS, ŒUFS	**Comment les préparer ?**	Viandes et poissons cuits au court-bouillon ou à la vapeur avec les légumes, éventuellement cuisson à la poêle sans matière grasse. Jaune d'œuf cuit dur ou à la coque.
	Pourquoi en donner ?	Apport en protéines et en fer intéressant lorsque les apports en lait diminuent.
	À éviter	Viande de cheval. Abats et charcuterie. Viande en panure.
Matières grasses ajoutées		
BEURRE DOUX, HUILES VÉGÉTALES	**Comment les choisir ?**	Beurre : doux uniquement. Huiles : olive et colza (les varier).
	Quelles quantités ?	1 c. à c. par jour de chaque, répartie sur les différents repas.
	Comment les préparer ?	À utiliser uniquement crues, en ajout dans une purée ou un plat. Sur une tartine ou sur les crudités.
	Pourquoi en donner ?	Apport d'acides gras essentiels et de vitamines A et E nécessaires à la croissance.
	À éviter	Fritures, aliments sautés à la poêle, matières grasses hydrogénées (lire les étiquettes), huile d'arachide.
Produits sucrés		
Sans urgence : 1 ou 2 carrés de chocolat noir ou au lait de temps en temps au goûter. Sinon, de façon exceptionnelle, lors de repas festifs.		
Boissons		
EAU	**Comment la choisir ?**	Eau pure, faiblement minéralisée ou choisie sur conseil médical. Eau du robinet (se renseigner en mairie).
	Quelles quantités ?	À volonté. Ne pas en donner juste avant les repas, cela pourrait couper l'appétit de l'enfant. En proposer régulièrement en cas de fièvre ou de forte chaleur, de chauffage trop important, de voyages…
	À éviter	Boissons sucrées. **INTERDIT :** sodas, café, thé, alcool…

Table des matières

Annexes

Faites-vous partie de ceux qui chaque année se promettent de perdre leurs kilos superflus ? Oubliez les régimes express faits de privations. Le seul moyen de mincir durablement (et avec plaisir !), c'est de prendre de bonnes habitudes. N'attendez plus, maigrissez malin et adoptez une bonne hygiène de vie, une bonne fois pour toutes !

Format : 11 × 17,8 cm ; 208 pages

ISBN : 978-2-84899-593-9

6 euros

DÉCOUVREZ AUSSI, AUX ÉDITIONS LEDUC.S

Tel un journal intime, Anna Roy nous livre à travers des histoires vécues inoubliables, tantôt drôles, tantôt émouvantes, des bribes de son quotidien, la réalité des naissances. Elle nous fait revivre page après page le miracle de la vie.

Une lecture que vous n'oublierez pas de sitôt.

Format : 13,5 × 21 cm ; 192 pages

ISBN : 979-10-285-0070-2

17 euros